나는
독서
재테크로 월급 말고
매년3천만원
번다

나는 독서 재테크로 월급 말고 매년 3천만 원 번다

초 판 1쇄 2019년 08월 19일
초 판 2쇄 2019년 08월 30일

기   획 김도사
지은이 안명숙
펴낸이 류종렬

펴낸곳 미다스북스
총괄실장 명상완
책임편집 이다경
책임진행 박새연 김가영 신은서
본문교정 최은혜 강윤희 정은희

등록 2001년 3월 21일 제2001-000040호
주소 서울시 마포구 양화로 133 서교타워 711호
전화 02) 322-7802~3
팩스 02) 6007-1845
블로그 http://blog.naver.com/midasbooks
전자주소 midasbooks@hanmail.net
페이스북 https://www.facebook.com/midasbooks425

ISBN 978-89-6637-699-5 03320

값 15,000원

미다스북스는 다음세대에게 필요한 지혜와 교양을 생각합니다.

나는 독서 재테크로 매년 3천만 원 번다

월급 말고

김도사 기획
안명숙 지음

미다스북스

특별한 독서가
당신에게 경제적 자유를 준다

"의정부, 새벽까지 아들을 제외한 세 식구가 울다가 새벽에 사망했다."

"시흥, 렌터카 안에서 아버지는 4살 아들을 안고, 엄마는 2살 딸을 안고 사망했다."

날마다 전해지는 비극적인 뉴스를 보면 남의 일 같지가 않아 마음이 아프다. 나도 2억 원의 빚과 함께 인생 최대의 위기를 만났던 시기가 떠오르기 때문이다. 당시에는 평범한 교사였던 내가 과연 그 빚을 다 갚을 수 있을지, 대체 어디에서부터 잘못된 것인지 혼란스럽기만 했다. 특단의 조치를 취하고 비법을 찾아야 했다. 사람들에게 물어볼 수도 없었다.

교사가 사기당했다며 조롱할 것 같았고 창피했다. 영화라면 한방에 로또가 당첨되거나, 거액의 유산을 상속해주는 친척이 찾아왔을 것이다. 그러나 내 현실엔 아무 횡재도 없었다.

방법은 의외로 가까이에 있었다. 나는 도서관으로 달려갔다. 가까운 서점도 찾아가고 인터넷 서점도 들어갔다. 기적은 책에서 일어났다. 책 속에는 내가 찾던 해결 비책이 다 있었다. 평소 하던 습관에서 인생 문제 해결책을 찾을 수 있다는 것이 신기했다.

전에는 책을 읽기만 했다. 매일 1권씩 읽기도 하고, 밑줄 긋고, 요약하고 SNS에 올렸다. 그게 다였다. 책 속에서 발견한 중요한 원리를 깨닫고 무척 행복했다. 그뿐이었다. 책이 실생활 문제를 해결할 수 있다는 생각은 못했다.

이번에는 달랐다. 절박한 심정으로 책을 읽어내려갔다. 저자들은 나에게 당장 비법을 실행하라고 명령했다. 그 방법들은 구체적이었고, 절차도 있었다. 평소 해야지 하고 생각만 하던 내용이었다. 여러 책에서 얻은 정보를 내 상황에 맞게 정리했다.

바로 실행했다. 저자들의 방법을 따라 했다. 나의 자산 현황과 대출 현황을 파악했다. 월 수입과 지출 상황도 분석을 했다. 비상금을 마련하고, 신용카드를 자른 후 체크카드를 사용했고 가계부까지 썼다. 주말마다 마트를 털던 습관을 버리고 대신 냉장고를 털기 시작했다. 휴대폰은 알뜰폰으로 바꾸고 보험도 구조조정했다. 차도 사지 않고 1년을 버텨냈다.

월급날이면 한 달 생활비와 비상금은 CMA계좌에 이체했다. 남은 금액은 몽땅 대출 원금을 상환했다. 대출 원금이 눈에 띄게 줄었다. 보너스가 나오는 달은 너무 행복했다. 대출원금이 쑥쑥 줄어드는 기쁨은 다른 무엇과 비교할 수가 없었다.

나의 경험을 첫 책에 고스란히 담았다. 독자들의 반응은 뜨거웠다. 가족들, 특히 동생들은 우리집 이야기가 나오니 신기해하면서 내가 이렇게 고생한 줄 몰랐다고 했다. 우리가 잘 살아야 할 이유가 있다면서 힘을 내자고 서로 격려했다. 친척들, 동네 어른들도 감동받았다며 고마워했다. 같이 근무했던 지인들도 도움이 된다는 피드백을 보내왔다. 자신들도 빚이 있다며 구체적인 컨설팅을 요청하기도 했다. 요청이 오면 내가 했던 방법으로 자산과 대출 현황을 파악하고 수입과 지출 규모를 계획하면서 빚 갚기 목표를 수립하도록 도왔다.

가장 큰 감동은 독자들의 연락이었다. 문자로, 카톡으로, 카페와 이메일로 연락을 했다. 직접 전화를 걸어 상담을 신청하기도 했다. 책을 읽으면서 자신들도 할 수 있다는 자신감을 가지게 되었다고 했다. 힘든 빚더미에서 탈출할 수 있다는 희망과 용기를 가지게 되었다는 답변은 작가로서의 보람을 느끼게 했다.

구체적인 컨설팅을 원하는 독자들에게 상담을 해주었다. 내가 했던 경험 그대로 설명했을 뿐인데 방법이 훤히 보인다며 기뻐하는 모습을 보니 너무 행복했다. 그들이 나의 비법을 훔쳐 날마다 실행한다면 머지않아 빚이 쑥쑥 줄어드는 신비한 경험을 할 것이다.

나의 버킷리스트는 즉각 이루어졌다. 버킷리스트 1번은 '베스트셀러 작가가 되어 전국으로 강연 다니기'이다. 첫 책이 출간되자 대형마트 문화센터에서 이메일을 보내왔다. 독서, 재테크 각각 콘텐츠는 많이 있는데 이 둘이 연결된 콘텐츠는 흔치 않은 조합이라며 수도권의 마트에서 저자 특강을 해줄 수 있느냐고 했다. 9월부터 가능하다고 했더니 11곳에서 강연을 해달라고 했다.

두 번째 책에는 빚이라는 중압감에서 벗어나 부자의 세계로 가는 방법을 담았다. 빚을 갚기 위한 방법을 책에서 찾았던 것처럼 부자가 되는 방법도 책 속에서 찾을 수 있다. 세상의 많은 부자와 성공자들이 공통적으로 강조하고 실천하는 것이 독서다. 이제는 좀 특별한 독서를 통해 삶의 방향을 완전히 바꾸자.

누가 나를 이렇게 빚의 수렁에서 살게 했을까. 바로 나 자신이다. 나 자신의 생각, 의식, 상상이 나의 인생을 빚의 수렁으로 안내한 것이다. 그렇다면 수렁에서 탈출할 비법도 나 스스로 찾아야 한다. 인간이 가진 '상상', '잠재의식'은 나의 상황을 반전시킬 수 있는 유일한 방법이다. 의식이 바뀌면 나의 행동이 바뀌고 운명이 바뀐다.

이런 엄청난 사실은 특별한 책에서 발견하였다. 네빌 고다드의 책은 최고의 형이상학이었다. 20여 년이 넘게 종교 생활을 하면서도 해결되지 않았던 의문들이 순식간에 풀렸다. 믿노라 하면서 믿음 없이 행동하는 사람이 많다. 모든 문제를 신이 해결해주는데 믿음이 없어서 안 되는 것이라 한다. 맞는 말이다. 자신의 생각이 자신의 운명의 열쇠라는 사실을 믿지 않으니 인생이 매양 그 모양인 것이다. 신이 어딘가에서 내 운명을 좌우한다고 믿으니 그런 결과가 나온 것이다.

인간의 형상과 같은 신이 하늘에서 내 인생을 끌고 있다고 믿었던 내 어리석음을 통탄한다. 내 인생이 이렇게 꼬인 것은 운명의 신이 장난친 것이라 여기던 무책임을 반성한다. 나는 하찮은 존재라서 할 수 있는 일이 없다고 생각하면서 게으르게 시간을 죽였던 과거를 회개한다. 이렇게 사나 저렇게 사나 똑같은 인생이니 대충 살자고 변명했던 나를 고발한다. 꿈과 목표를 가져봤자 소용없다고 생각했고 그렇게 살았던 것이다.

부에 대한 사고방식도 바뀌었다. 부자와 빈자는 태어날 때부터 정해진다고 생각했다. 우리 집안에서는 부자가 나올 수 없다고 단정했다. 부자는 하늘이 내는 것이라며 언감생심 부자를 꿈꾸지 않았다.

저자들은 부자와 가난한 자의 차이는 '사고'의 차이라 했다. 책도끼가 내 머리를 내리찍는 느낌이었다. 나의 편견과 고정관념이 산산조각이 나는 경험을 했다. 부자의 사고를 가져야 한다. 부자가 되는 방법도 아주 쉽고 다양했다. 내 경험과 지식, 지혜로도 부자가 될 수 있었다. 성공자의 책에는 부자들이 어떤 생각을 하는지, 어떤 습관을 가지고 사는지 다 들어 있었다. 그들처럼 생각하기로 했다.

이 책을 읽는 사람은 다시 태어나는 경험을 할 것이다. 생각의 틀이 통째로 바뀌는 것을 느낄 것이다. 그 깨달음은 행동의 변화를 가져오고 습관으로 이어져 결국 당신의 운명이 송두리째 바뀔 것이다. 우울은 웃음으로, 죄책감은 당당함으로, 자격지심은 자신감으로 바뀔 것이다. 가난한 사고는 부자의 사고로 바뀌고, 빈자는 부자로 다시 태어나는 경험을 할 것이다. 책은 이 모든 것을 가능하게 해주는 강력한 무기이기 때문이다. 특별한 책을 읽으면 이 변화는 바로 일어날 것이다.

이 책의 집필에 함께해주신 김도사님께 감사드린다. 첫 책이 나오고 이렇게 빨리 두 번째 책이 나오게 된 것은 모두 김도사님의 탁월한 코칭 능력 덕분이다. 23년간 200여 권이 넘는 집필을 통해 책 쓰기 비법을 터득한 그는 완전 생초보 일반인을 한두 달 만에 작가로 변신시켜준다. 책의 주제, 제목, 장 제목, 꼭지 제목의 순서로 코칭을 받고 나면 원고는 단 며칠 만에도 완성된다.

그의 코칭을 받은 사람들은 '작가'라는 타이틀보다 더 귀한 것을 얻는다. 그의 높은 의식이 세상에서 평범하게 살고 있던 사람들을 창조하는 능력자로 변화시킨다. 자신의 잠재능력을 깨닫고 목표를 세우고 바로 실행하면 평범한 사람도 비범한 사람으로 바뀌는 멋진 환생을 한다.

자식들을 위해 79세까지 담배 농사를 놓지 못하시는 아버지께 이 책도 바친다. 아버지께서 힘겨운 농사일에서 벗어나 편안한 일상을 사시길 바란다.

CONTENTS

4장 누구나 가능한 재테크 독서 실천법

5장 나는 재테크 독서로 매년 3천만 원 번다

1 장

빚더미에 앉은 나,
도서관에서
기적을 만나다

내가 2억 빚을 갚은 비결

책에서 답을 찾다

2억 빚을 갚았다!

물론 다 갚은 것은 아니다. 1억 2,000만 원을 갚고 다시 대출을 했기 때문이다. 가까운 지인에게 3,000만 원을 빌려주고, 1년 8개월 전에 차를 사는데 3,000만 원을 썼다.

이전에 중고차만 2번 사서 탔는데 이제는 새 차를 타고 싶었다. 돈을 아끼기 위해 중고차를 샀는데 고장도 잦고, 수리비도 많이 들고, 수리에 들어가는 시간도 많이 걸렸다. 무엇보다 늘 마음이 불안했다. 차 부속은 소모품이라는데 언제, 어디서 고장이 날지 모르니 마음이 편하지 않았다. 2년 전 교통사고를 겪고 나서는 차의 중요성을 더 절감했다. 결국 새 차를 사기로 했다. 예전부터 마음에 두었던 SUV 하이브리드차를 3,000만 원 가량 주고 구입했다. 3,000만 원은 '절약'이라는 평소 생활신조에는 어긋나지만 돈보다는 '안전'이 더 중요했다.

난 4년 동안 1억 2천만 원을 갚았다. 2013년부터 2016년까지, 아니 2017년까지 갚은 것을 치면 1억 5천만 원 이상 되었다. 나 자신도 놀랐다. 몇 달마다 확확 줄어드는 빚을 보면서 정말 흐뭇했다. 스스로 얼마나 대견하게 느꼈는지 모른다. 무엇보다 나에게 절약의 습관이 형성된 것은 기쁨 중의 기쁨이었다.

내가 빚을 갚은 비결은 무엇일까? 바로 책이다. 나의 첫 개인 책인『재테크 독서로 월 100만 원 모으는 비법』을 읽어본 사람들은 알 것이다. 난 빚을 갚아야겠다는 결심을 한 후 방법을 생각했다. 전문가를 찾아갈까, 주위 사람들에게 물어볼까 하는 고민도 했다. 결국 난 도서관과 서점으로 달려갔다. '빚', '대출', '대부'라는 단어로 검색을 했다. 그런 주제의 책들이 엄청 많았다. 빚 갚는 주제의 책들이 그렇게 많을 것이라고는 예상조차 하지 못했는데 놀라웠다.

100여 권의 책을 훑어보기로 읽었다. 내가 실행할 수 있는 것들을 선별했다. 그 많은 책을 모두 꼼꼼하게 정독하다가는 책 읽는 데 시간을 다 쓸 것 같았다. 재테크 도서는 주로 경제신문 기자들이 쓴 것들이 많았는데, 일반적인 내용이 많아 구체적으로는 도움을 받기가 어려웠다. 나와 비슷한 상황에서 직접 실천한 책들 위주로 골랐다. 저자가 했으면 나도 할 수 있을 것 같았기 때문이다.

먼저, '빚 갚기의 정석' 같은 책을 골랐다. 『절박할 때 시작하는 돈 관리 비법』(데이브 램지)은 재무 설계를 하는 것 같았다. 한 가정의 재정 상황을 파악한 후 빚을 갚는 과정을 구체적으로 설명했다. 미국도 생활비로 인해 빚을 진 사람들이 많다는 것과 빚 갚는 절차도 특별하지 않다는 것을 알았다. 다만 미국은 고용이 불안정하기 때문에 비상금을 몇 개월치를 준비해놓는 것이 우리나라와는 달랐다.

비상금을 마련한 후에는 자산과 부채를 파악했다. 특히 빚을 종류대로 정리하여 갚을 순서를 정했다. 금액이 적고 금리가 비싼 것부터 갚으라고 했다. 주택담보대출은 장기간 저리로 빌려주는 것이라 가장 나중에 갚거나 장기로 갚는 것을 추천했다.

『왕의 재정』(김미진)은 내가 본 책 중 가장 극단적인 방법을 사용하였다. 중학생 아들까지 있는 상황에서 빚을 갚을 때까지 고기류를 사 먹지 않겠다고 결심하고 장보기도 하지 않는 방법은 요즘 말로 듣지도 보지도 못한 '듣보잡'이었다. 게다가 아들이 특정 음식을 먹고 싶어 하면 신기하게도 누군가 전달해주는 경험을 하면서 신앙심을 키웠다고 했다. 다른 말로 하면 '우주의 법칙', '끌어당김의 법칙'이라고 볼 수 있다. 3년 동안 고추장, 된장, 간장과 같은 기본 장류로 버텨내는 처절한 생활 모습, 그것도 다른 집과 합쳐서 그런 양념이 구비된 것이었다. 저자는 그 위기를 다 넘긴 후에는 교회를 중심으로 '왕의 재정'에 대해 강연과 부흥회를 다니고 있다. 그는 교회가 빚지지 않고, 교인들이 빚 없이 살 수 있기를 바란다. 나아가 교인들이 빚 갚고 모은 돈을 다른 이를 위해 사용하는 청부의 삶을 살도록 권장하고 있다.

『빚지기 전에 알았더라면 좋았을 것들』(백정선, 김의수)은 재정 전문가들이 쓴 책이다. 저자들은 가계의 재정에 대해 체계적으로 설명했다. 사람들이 빚지지 않고, 수입보다 지출을 늘리지 않고 살아갈 수 있는 다양한 방법을 설명하고 있다.

책을 쓴 저자들은 빚을 어떻게 갚았을까. 어떤 사람은 극강 짠돌이 생활을 통해서 갚았다. 적금, 보험 다 깨고, 안 먹고, 안 쓰고 초절약법을 통해 빚을 갚는다. 그렇게 하면 빚을 갚을 수는 있지만 자괴감이나 요요현상이 올 수 있다.

독서로 빚을 갚으면 좋은 점들

빚 갚기를 실천하는 데 책을 읽는 것은 많은 유익이 있었다. 물론 빚을 갚은 것이 가장 큰 이익이겠지만 그보다 더 큰 유익도 있다. 바로 요요가 없다는 것이다.

사람은 편안하고 즐겁고 행복한 삶을 누리고 싶어 하는 존재이다. 행복감은 무언가를 성취하거나 먹고 싶은 것을 먹을 때 느낄 수 있다. 하지만 돈은 버는 데 쓸 수도 없고 빚 갚기만 한다면 어느 순간 자괴감이 올 수 있다.

'언제까지 빚만 갚을 것인가?'
'이렇게 빚 갚으려고 태어난 건가?'
'과연 다 갚을 수는 있을까?'
'이러다가 결혼도 못 하는 것은 아닐까?'
'아이를 낳기만 하고 잘 키우지 못할 바에야 차라리 낳지를 말자.'

이런 생각들이 계속 괴롭힐 것이다. 그러다가 요요가 오면 그간 쓰지 못했던 것에 대한 보상 심리가 발동한다. 먹을 것, 입을 것, 살 것 들에 폭풍 소비를 한다. '에라 모르겠다. 해외여행이나 가자.' 하며 여행을 떠나기도 한다. 지름신이 내려 그간 참아왔던 명품 소비를 한 번에 하기도 한다. 그동안 줄어들었던 빚이 다시 늘어나고 모아놓았던 돈들은 모래알처럼 다 빠져나간다. 가장 무서운 것은 자신에 대한 자신감이 없어지는 것이다. 빚 갚기에 대한 자신감이 없어지고 자괴감만 늘어난다면 얼마나 안타까운 상황이 되겠는가.

책을 읽고 빚을 갚으니 이런 요요가 없다. 빚을 갚는 것이 즐거울 뿐이다. 매달 월급날이 되면 원금 상환을 얼마나 할 수 있는지가 궁금했다. 급여일보다 며칠 전에 업무 포털에 들어가서 이달 얼마나 갚을 수 있는지를 파악한다. 순수 원금을 갚아야 이자가 줄어들기에 전체적인 빚 상환액이 줄어든다. 지난달보다 더 많이 갚을 수 있으면 기분이 매우 좋다. 보너스라도 나오는 달이면 마음이 그렇게 흡족할 수가 없다. 그러다보니 과소비 습관은 어느새 사라져버렸다.

빚이 있는 사람들에게 크게 외치고 싶다. 책 속에서 빚 갚는 방법을 찾으라고, 책을 읽으면서 빚을 갚아가라고. 그러면 즐거운 빚 갚기를 할 수 있다고.

도서관에서 책을 읽었을 뿐인데

"어젯밤 책 다 읽고 잤어요. 잘 아는 사람 이야기라 더 쉽게 읽었어요. 앞부분 살아온 이야기, 중간은 빚 갚은 이야기, 뒷부분은 독서 이야기, 사이사이 소개한 책들은 내가 꼭 읽어봐야겠다는 생각이 들었고, 독서법도 실천하기 쉬운 거라 책 좀 읽어봐야겠다고 생각했어요. 나도 재테크 책 좀 읽어봤는데 이건 선생님의 실제 이야기를 쓴 거라 실천하기가 쉬울 것 같아요."

– 같이 근무했던 선배 선생님

"어제 오자마자 다 읽었어요. 완전 대박이요. 공감되는 내용도 엄청 많고 책에 대한 정보가 많아서 큰 도움이 되었어요. 그리고 책 전개도 짜임새가 있어서 단숨에 읽어지더라고요. 책을 잘 읽지 못하는 제가 단숨에 읽은 것은 처음인 것 같아요. 따님이 결혼한 걸 책을 통해 알았어요. 정말 축하드려요. 샘은 정말 소신이 분명하고 멋지세요. 그리고 책 너무 좋아요. 덕적도 섬 생활 이야기, 홈쇼핑 이야기, 책 이야기 등 샘의 진솔한 부분과 친절한 설명이 너무 좋았습니다. 저 오늘부터 안 작가님 팬 되었습니다."

– 같이 근무했던 유치원 선생님

"명숙아, 책 잘 읽었다. 그간 애 많이 썼다. 같은 슬픔을 겪었는데 너는 책을 써서 이렇게 따뜻한 위로를 건네는구나. 앞으로는 너무 애쓰지 말고 그냥 느리게 살렴. 그간 네가 겪은 일들이 너무 마음 아팠다. 물론 나라고 인생이 순조로웠던 것은 절대 아니지만 말이다. 너무 사랑하고 또 존경한다, 친구. 엄마를 잃은 슬픔, 내가 함께하지 못했더구나. 큰딸 결혼도 축하하지 못하고 책 속에서 희망을 찾고 그 희망을 증명하면서 여전히 밝은 미소를 짓는 안명숙 작가님 꽃길만 쭉 걸으세요."

– 여고 동창이자 교사인 친구

"책 재미있게 잘 읽었습니다. 부끄럽지만 얼마 만에 책을 읽었는지. 누나의 꿈이 모두 이루어지길 응원합니다. 머지않아 꿈을 이루실 것 같네요. 제 삶에도 이 책 1권으로 많은 변화를 생각합니다. 지금부터 열심히 책 읽어보려고요. 감사합니다. 책 읽기가 이렇게 중요하고 동기부여가 된 적은 처음입니다. 정말 감사합니다. 누나하고 대화(삶, 인생 등)하고 싶네요."

– 중학교 후배

"안 선생 책을 보고 그동안 얼마나 마음고생을 했나 생각하며 어느 집안이나 안 좋은 사연은 다 있고 이 책을 보고 안 선생에게도 시련이 있었다는 걸 알았어요. 그래도 표현도 없이 맘이로 꿋꿋하게 생활을 해온 것은 의지가 있었기 때문이죠. 돌아가신 친정어머님은 내가 이장일 때 부녀회장을 보시면서 향산리 발전에 이바지하신 분입니다. 아무튼 어려운 시기를 슬기롭게 해결했어요. 좋은 책 잘 읽었어요. 감사합니다."

– 마을 이장님

"작가님과 통화하고 나니 빚을 갚을 수 있다는 용기가 생기고, 극복할 수 있다는 긍정적인 힘이 생기네요. 작가님 책은 재독하고 있어요. 실천할 수 있는 용기를 주셔서 감사드립니다."

– 독자1

"안녕하세요? 어제 교보문고서 책 발견하곤 사서 하루 만에 다 읽었습니다. 좋은 책 잘 읽었습니다. 마인드맵으로 그려보았어요."

- 독자 2

"작가님, 안녕하세요? 지푸라기 잡는 심정으로 서점을 들렀습니다. 책꽂이에 꽂혀 있는 책 제목이 저를 흔들었고 단숨에 읽으면서 심장이 뛰었습니다. 그리고 결단하면서 감사드립니다."

- 독자 3

"안녕하세요? 00마트 문화센터 담당자입니다. 저희가 8-9월부터 진행되는 가을학기 기획 중 선생님의 책을 보고 연락드립니다. 막연한 재테크보다 독서로 재테크한다는 내용이 와닿아서요. 주말 혹은 저녁 시간대 특강 진행이 가능하시면 직장인 대상으로 진행해보고 싶습니다. 도움을 필요로 하는 회원분들 만나보실 수 있고, 온라인 홈페이지 및 전단상으로 도서 및 내용 홍보도 가능합니다. 9월 11곳 저자 특강 부탁드려요."

- ㅇㅇ마트 문화센터 담당자

"1라디오 PD입니다. 방송을 통해 홍보할 수 있는 기회를 한번 마련해볼게요. 열심히 사는 모습 늘 응원하겠습니다."

- KBS1 라디오

KBS1 라디오에서는 7월 14일 저녁 〈생방송 주말저녁〉 '주간책마을' 신간도서로 소개되었다.

이외에도 책을 읽은 독자들의 생생 후기는 많다. 감사하다는 내용과 힘내라는 응원의 글이 많지만 가장 힘이 되는 내용은 희망을 가지게 되었다는 후기이다. 평범한 직장인이 2억이라는 큰 빚을 지고도 기죽지 않고 살아온 것을 본 것이다. 독자들은 나보다 적은 액수의 빚을 지고 힘들어했던 것을 후회했다. 나보다 빚이 적고 어쩌면 별것이 아닐 수도 있다는 생각을 했단다. 자신들도 빚을 갚을 수 있다는 희망이 보인다고 했다. 나처럼 책을 읽으면 되니까.

독자에서 저자로 변화하다

『재테크 독서로 월 100만 원 모으는 비법』.

내 첫 개인 책의 제목이다. 구구절절한 나의 인생 이야기가 담겨 있는 이 책을 출간하고 받은 연락은 상당했다. 문자, 카톡, 메일로 온 연락 일부만 소개하고 전화받은 사연은 싣지를 못했다. 단지, 책을 썼을 뿐인데 이런 일이 벌어졌다.

첫 출발은 책을 읽은 것이었다. 평소 도서관에서 책을 읽는 습관이 있었는데 그것이 책 쓰기로 연결이 되었다. 책이 사람을 얼마나 달라지게 할 수 있는지 가늠할 수 있다. 작년 12월만 해도 상상도 못 했던 일이다. 28년 동안 평범하게 교사 생활을 해온 내게 이런 일이 생길 것이라는 생각은 아무도 하지 못했다.

2019년 2월 13일, 내 개인 책이 완성된 날이다. 책 쓰기를 시작한 지 2개월, 원고를 쓰기 시작한 지 3주가 된 날이었다. 이렇게 책 쓰기가 쉬울 줄은 몰랐다. 책 쓰기의 장인의 코칭을 받자 단기간에 책이 완성되었다. 주제, 제목, 장 제목, 꼭지 제목이 완성된 후 꼭지에 맞춰 글을 써내려갔다. 진작 그렇게 책을 썼더라면 지금쯤 나의 인생은 정말 많이 변해 있을 것이다. 빚으로 허덕이는 인생이 아니라 빚이 있어도 행복한 일상을 보내고 있었으리라. 빚을 갚고 부자가 되어 있을 수도 있겠다는 생각이 들었다.

결과적으로 난 책 읽기를 통해 인생이 2번 바뀌었다. 첫 번째는 책을 읽고 빚을 갚은 것이다. 빚으로 고통받는 삶은 진정한 삶이 아니다. 날마다 막막함으로 고통 속에서 살기 때문이다. 책 속에서 찾은 방법을 적용해서 빚이 확확 줄어가는 것을 볼 때 정말 행복했다. 인생이 바뀌는 경험을 한 것이다.

두 번째, 책을 쓴 후에 내 인생은 또 바뀌었다. 책을 써서 가족이나 주위에서 작가로 인정받았다. 독자들에게는 용기를 주는 사람이 되었다. 다른 사람들에게 힘과 용기를 주는 삶은 큰 보람을 느끼게 한다. 강연가의 꿈도 이루게 되었다. 문화센터 강의나 방송 출연으로 나의 라이프 스타일은 한 단계 도약하고 있다.

나는 나를 응원한다. 나는 잘해낼 것이다.

- 01 -

『상상의 힘』

네빌 고다드, 서른세개의계단

상상이 현실을 창조한다.

저는 확신을 가지고 이 말을 할 수 있습니다. 왜냐하면 저는 상상력이라는 것이 하느님의 활동이란 것임을 발견하였고 확인하였으며 하느님은 바로 우리 인간이라는 것 또한 알게 되었기 때문입니다. 하느님은 우리 안에 있으며 우리들 또한 하느님에게 속해 있습니다. 불멸하는 인간의 몸, 그것은 바로 인간의 상상력입니다. 그것은 또한 하느님 그분입니다.

인생의 목적을 가지는 것은 중요합니다. 목적이 없는 삶은 우리를 방황하게 만듭니다. "내게 원하는 바가 무엇이냐?"는 질문은 복음서의 주인공인 예수 그리스도가 가장 많이 던진 질문입니다. 여러분의 목적으로 뚜렷하게 만들 때, 여러분은 그것을 원해야만 합니다.

나는 신이 나의 삶을 이끌고 있다고 생각하며 살아왔고, 내 인생은 운명이라고 생각했다. 이 책은 나의 상상력이 내 인생의 주인이고 신이라는 것을 깨닫게 해주었다. 그동안 의문을 품어왔던 인생 문제를 모두 해결해주었다. 나는 나의 상상력으로 새로운 시작을 하게 되었다. 또 내가 원하는 삶이 무엇인지 정하는 것이 중요하다. 목적이 있는 삶을 사는 즐거움을 날마다 느끼고 있다.

책 속에서 기적을 만난 사람들

독서로 기적을 쓴 사람들

"오늘의 나를 만든 건 마을의 도서관이었다. 하버드 졸업장보다 소중한 것은 독서하는 습관이다."

빌 게이츠의 말이다. 이 말은 내게 충격이었다. 성공자들의 성공 요인을 가정 환경, 학벌, 돈이라고 생각했기 때문이다. '세계적인 부자인 빌 게이츠가 마을 도서관에서 만들어졌다니.' 그러나 내가 독서로 인생의 변화를 경험해보니 비로소 빌 게이츠의 말이 공감되었다.

독서를 해야 하는 이유에 대한 책을 읽다가 흥미로운 사실을 발견했다. 도서관에서 기적을 만난 사람들이 의외로 많다는 것이었다. 나도 도서관에서 인생 기적을 체험한 사람이 되었다. 내가 이룬 기적은 다음과 같다.

책을 읽고 1억 2천의 빚을 갚았다. 기획부동산 사기를 당한 후 빚이 2억이 되었다. 기획부동산도 토지이니 가격이 오르면 팔 생각을 하고 있었다. 땅에 대해 별 걱정 없이 지내던 중 방송을 통해 기획부동산의 실체를 알게 되었다. 야산 몇만 평을 싸게 구입한 후 지도상 줄긋기를 한다. 분할 등기를 내준다고 하는 말을 믿은 게 잘못이었다. 현지 시가의 몇 배에서 몇 십 배까지 비싸게 구입했기에 팔 수도 없었다. 더 심각한 문제는 땅을 공동으로 소유하고 있는 공유자들이 몇십 명이라 그들을 찾을 수도 없고 연락 방법은 더더욱 없었다. 속수무책으로 당할 수밖에.

가끔 법원에서 서류가 날아온다. 공유자 중 누군가 경제적으로 어려워져 토지 소유분을 경매로 넘기려고 한다는 것이다. 경매로 넘기기 전에 공유자들에게 우선권을 준다면서 구입의사가 있는지 신청하라는 것이다. 그 서류를 받고 나 같은 피해자가 또 있고, 나보다 어려운 사람도 있을 수 있다는 것을 깨닫게 되었다.

빚을 갚기로 결심했다. 퇴직 때까지 빚을 안고 간다면 그동안 지불해야 할 이자가 너무 많았다. 적금을 부어도 저금리라 대출 이자보다는 훨씬 부족했다. 방법이 문제였다. 부동산 전문가를 찾을 수도 있고, 경찰서나 법원을 찾을 수도 있었다. 교사이기에 체면도 있고, 시간도 부족해 법적으로 해결하는 것은 포기했다.

책 속에 방법이 있지 않을까 하는 마음에 도서관으로 달려갔다. 평소 퇴근 후나 주말이면 도서관을 찾았기에 어색하지 않았다. 도서관에서 빌리기 힘든 책은 서점에서 구입했다. 인터넷 서점을 검색하기도 하고, 인근 공공 도서관을 가보기도 했다. 오래된 책은 중고서점에서 구입하기도 했다. 책을 읽다가 내가 실천할 수 있는 것들은 메모를 했다. '백문이불여일견'에 빗대어 '백독이불여일행'이라고 생각했다. 아무리 지식을 많이 쌓아도 실행하지 않으면 아무런 변화가 일어나지 않는다.

책을 읽고 실행을 했다. 먼저, 묻지 마 지출을 단속했다. 생각 없이 해왔던 소비가 그렇게 많은 줄을 처음 알았다. 과소비를 막고 보험, 적금 구조 조정을 하니 50만 원 이상의 지출이 줄었다. 신용카드를 끊고 체크카드나 현금을 사용했다. 부자들이 현금이나 체크카드를 사용한다는 것을 책을 통해 알았다. 그 후에 주위에서 아주 가끔 부자들을 만나보니 그들 중에는 정말 신용카드를 사용하지 않는 이가 많았다. 신용카드가 속에 재산이 많은 것 같은 착각을 불러일으킨다는 것도 알게 되었다. 체크카드를 긁으려고 하면 잔고가 뇌리를 휙 지나가면서 소비 욕구를 눌러주었다. 체크카드는 잔고를 체크하라는 뜻인가 보다.

미니멀 라이프를 실천했다. 미니멀 라이프는 최소한의 생활용품으로 생활을 하는 것으로 의식주 생활을 최대한 단조롭게 하는 것이다. 먼저, 집 안에 있는 쓸데없는 것들을 버렸다. 몇 년 동안 입지 않은 옷이나 이불, 고장 나거나 쓰지 않는 가전제품들, 오랫동안 쌓아두었던 물건들도 과감하게 버렸다. 32평형 아파트가 그렇게 넓은 줄 처음 알았다. 그동안 비싼 아파트 공간을 쓰레기들에게 내어주고, 정작 주인은 몸을 숙여 좁은 공간에서 살고 있었던 것이다.

도서관에서 문제를 해결하고 책도 쓰다

수입을 늘리고자 했다. 공무원 신분이라 다른 급여를 받는 일은 이중 취업이라 할 수가 없었기에 다른 방법을 찾았다. 어느 날 친구가 전화를 했다. 딸이 드라마를 보고 대본을 워드로 치는 작업을 해야 하는데 대신할 사람을 찾는다고 했다. 나의 딸들이 할 수 있다고 해서 업무 내용을 메일로 받았다. 지난 드라마를 보면서 대본을 다 옮겨 적는 일이었다. 딸들도 했지만 나도 동참을 했다. 한 푼이 아쉬운 상황이라 수입을 늘리기 위해서였다. 얼마 되지 않았지만 한 달에 몇만 원의 추가 수입은 가계에 큰 도움이 되었다. 인터넷으로 설문 조사도 했다. 설문 조사 사이트에 가입하여 이메일로 오는 설문에 응답하면 설문 분량에 따라 몇십 원에서 몇천 원까지 적립이 되었다. 비싼 설문일수록 응답하는 데 시간이 많이 걸렸지만 놀면 뭐하나 하는 생각으로 꼬박꼬박 참여하였다. 그것도 참여하는 사람들이 많아서 조금만 시간이 늦으면 마감되었다. 메일함을 수시로 열어보면서 최대한 빠르게 응답하기 위해 신경을 곤두세웠다. 이것으로도 한 달에 몇만 원의 추가 수입을 올릴 수 있었다. 현장에 가서 하는 설문 알바는 건당 몇만 원으로 비쌌지만 주로 평일이라 포기해야 해서 아쉬웠다.

도서관에서 건강 문제에 대한 해답을 찾았다. 엄마가 위암 진단을 받으셨을 때 난 책을 찾았다. 부모님은 병원 의사들이 하라는 대로 하면 된다고 하셨다. 그렇지만 대형 병원에서 암 환자에게 할 수 있는 치료법은 단순했다. 종양을 제거하는 수술, 종양이 다시 생기지 않도록 항암 치료, 방사선 치료이다. 이것을 암의 3대 치료법이라 했다.

책을 읽은 후 암 치료법에 자연 치유가 있다는 것을 알게 되었다. 암이라는 질병은 생활 습관이 잘못되어 생긴 것이다. 생활 습관이나 식습관을 개선하는 자연 치유를 실시하면 결과가 좋다는 것이다. 식이요법으로 흰쌀, 흰 설탕, 흰 소금을 제한해야 한다. 현미와 채소, 과일로 이루어진 식사를 오래 씹어서 삼키는 식사를 하면 인체 면역력이 높아진다고 했다. 자연 치유를 알게 된 동기도 책이었다. 서점에서 암에 대한 책을 찾다가 『자연의원』이라는 책을 발견하고 구입하였다.

도서관은 나의 책 쓰기 산실이 되었다. 내가 살고 있는 충북 단양에는 다누리도서관이 있다. 4년 전 인천에서 단양에 내려왔을 때 도서관은 나를 반겼다. 읍내의 중심지에 자리 잡은 도서관은 접근성이 좋아 지역 주민들이 즐겨 찾는 장소이다. 주말에 도서관에 가면 사람들이 너무나 많았다. 엄마들은 자녀를 데리고 도서관을 찾고, 학생들은 시험 기간이 되면 공부를 하러 온다. 내가 놀랐던 것은 머리가 희끗희끗한 분들도 와서 신문을 읽거나 책을 읽기도 한다는 것이다.

주말에는 나는 주로 도서관을 가곤 했다. 주중에도 퇴근 후에 도서관에 가서 내가 읽고 싶은 책을 읽었다. 문학, 인문학, 재테크, 교육학, 수업 방법, 건강 등 내가 읽고 싶은 분야는 너무 많았다. 새로 나오는 도서도 날마다 들어와 나의 독서 욕구를 만족시키기에 충분했다. 가끔 우리학교 학생들이나 학교 선생님들을 만나는 것은 또 다른 반가움이었다.

내가 도서관을 가장 잘 활용한 것은 책 쓰기를 할 때였다. 나의 첫 개인 책은 도서관에서 완성되었다. 물론 책을 썼던 공간은 다른 곳도 있었다. 그러나 책 쓰기를 시작했을 때가 겨울방학이었다. 내가 책 쓰기를 예견했을까. 난 12월에 시골집을 나와 단양 읍내에 내 집을 얻어 독립을 하였다. 내 집은 오롯이 집필하기에 딱 좋은 공간이다. 단양 읍내의 카페도 좋은 집필 공간이었다. 남한강이 바라다 보이는 전망 좋은 카페에서 노트북으로 원고를 쓰다 보면 내가 마치 조앤 롤링이라도 된 것 같은 기분이 들었다. 한편, 도서관은 다양한 참고도서가 있어 좋았다. 책을 쓰다 보면 궁금한 내용이 있는데 집에 관련 도서를 다 구비할 수는 없다. 도서관에 가면 해당 코너에서 꺼내다 참고하면 되니 아주 편리했다. 다양한 사례를 참고하였고 품절된 책들을 찾아 도움을 받았다. 도서관이 책의 내용을 풍성하게 해주는 장소가 된 것이다. 책 읽기에 그치는 것이 아니라 책을 쓰는 기적이 도서관에서 일어났다.

예전이나 지금이나 도서관은 기적의 장소이다. 도서관이 없다면 얼마나 끔찍하겠는가. 도서관에서 이 세상의 새로운 역사가 만들어지고 있다. 세상 사람들의 기적이 나에게 무슨 소용인가. 내가 도서관을 이용하지 않는다면 나에게 기적이 일어나기는 어렵다. 나는 날마다 도서관을 간다. 기적을 일으키러 간다.

04

쇼핑 중독보다는 책 중독이 낫다

쇼핑 중독에 빠지다

사람은 본능적으로 쇼핑을 좋아한다. 나와 가족을 위해 무언가를 사는 것은 기분이 좋은 일이다. 돈을 버는 이유가 바로 돈을 쓰기 위한 것이다. 돈을 버는 것 자체가 목적이라면 이 세상은 참 재미가 없을 것이다. 갖고 싶은 것을 사고, 먹고 싶은 것을 사 먹고, 입고 싶은 것을 구입하는 행위는 인간에게 본능이고 당연한 행위이다.

나는 살면서 몇 번 쇼핑 중독에 빠진 적이 있었다. 최초의 중독은 마트 중독이었다. 집 근처에 대형 마트가 있었다. 2정거장이 채 안 되는 곳에 마트가 있으니 참 편리했다. 주말이면 온 가족이 마트로 나들이를 갔다. 곳곳에 있는 시식 코너는 마트에 가는 또 다른 즐거움을 선사했다. 공룡 같은 거대한 규모의 마트에는 없는 것 빼고는 다 있었다. 한층의 넓이도 어마어마한데 그런 공간이 몇 층 더 있었다. 보통 지하에는 식품매장, 1-2층에는 화장품과 의류 매장, 3-4층에는 스포츠나 가전제품 매장 등으로 배치되어 있었다. 각 층을 돌면서 아이쇼핑도 하고 물건을 구매하면 반나절은 후딱 지나갔다.

주말이면 온 가족이 마트로 갔다. 층마다 돌면서 쇼핑을 시작한다. 지하의 식품매장에서 이미 쇼핑카트는 가득 차고도 남았다. 새로운 카트를 가지고 와 의류나 가전제품을 산다. 세제나 화장지 같은 생활필수품을 사면 카트가 또 가득 찬다. 그것이 우리 집의 주말 풍경이었다. 긴 줄의 끝에서 오랜 시간 기다리면 계산할 차례가 된다. 두 카트 모두 계산을 하면 그 금액이 몇십만 원은 족히 되었다. 온 가족 외식도 하고 무언가 큰일을 한 것 같은 뿌듯함을 느끼며 즐거운 발걸음으로 집으로 돌아왔다.

가장 중독성이 강한 것은 홈쇼핑이었다. 홈쇼핑을 만나기 전까지 나는 주말에 마트에 한 번 다녀오는 것으로 쇼핑을 했다. 어느 날 TV홈쇼핑을 보고 신세계를 경험했다. 홈쇼핑에서 가장 놀란 건 물건의 종류였다.

이전까지 본 적도, 들은 적도 없던 물건들이 즐비했다. 식품, 의류, 화장품, 가전제품, 청소 용품 등은 시청자의 시선을 끌기에 충분했다. 쇼호스트들의 현란한 말솜씨와 배경음악도 나의 시선을 붙잡았다. 당장 필요한 물건이 아니어도 자꾸 사게 되었다. 처음에는 아무 생각 없이 보다가 마감 시간이 되면 어느새 080 번호를 누르고 있었다. 지금 당장 사지 않으면 큰 손해를 볼 것 같은 불안감이 엄습했다. 어플을 깐 다음부터는 홈쇼핑앱으로 아주 편리하게 쇼핑을 했다. 집안에는 홈쇼핑 물건들이 쌓여서 마치 홈쇼핑 전시장 같았다.

홈쇼핑에서 가장 많이 산 물건은 생활용품 및 가전제품이다. 반짝이는 아이디어 제품이 소개되면 깜짝 놀랐다. 평소 필요하다고 느꼈던 물건들이 이미 세상에 나와 있었던 것이다. 각종 청소 용구 및 청소기가 신기했다. 빗자루로 쓸고 걸레로 바닥을 닦는 재래식 청소는 너무 힘이 들었다. 특히 엎드려 기어다니며 손걸레로 방을 닦고 나면 땀나고 허리 아프고 정말 힘들었다. 힘든 걸레질은 자주 하기가 어려웠다. 홈쇼핑을 보고 스팀청소기, 일반 청소기, 소형 청소기와 다양한 청소 도구를 다 구입했다. 고가의 로봇청소기만 사지 않은 상황이다. 식품 구입도 많이 했다. 간편식부터 반찬, 쌀 같은 다양한 먹거리도 많이 구입을 했다. 식품에서는 생선의 신선도가 떨어져서 만족도가 낮았다.

홈쇼핑은 매우 편리하다. 전화번호만 누르면 주문이 된다. 어플에서 몇 번 클릭만 하면 쉽게 주문이 되고, 주문과 함께 반품도 쉽다. 물건을 열어보고 입어보고 맞지 않으면 회사에 전화만 하면 택배 직원이 와서 물건을 다시 가져간다. 반품이 쉽기에 주문도 더 쉬워지는 것이다.

"새 옷이 들어왔습니다. 퇴근길에 들러 구경하고 가세요."

의류 쇼핑 중독에 빠진 경험도 있다. 아파트 상가에서 아는 분을 만났다. 고향 시골 초등학교 선생님의 부인이었다. 상가에 여성 옷가게를 차렸다고 하셨다. 호기심에 지나가다가 인사를 하고 들어가 옷 구경을 했다. 세미 정장 스타일의 옷들이 나를 맞이했다. 사이즈가 66인 나의 체형에 맞는 옷이 많았다. 새 옷이 들어오면 사모님은 고객들에게 위와 같은 문자를 보냈다. 문자를 받고는 바로 달려갔다. 바로 가면 예쁘고 멋진 옷들이 나를 반겼다. 며칠 뒤에 가면 이미 다른 사람들이 다 사가고 남은 것들만 있었다. 그래서 한 번 사면 몇만 원에서 몇십만 원까지 질렀다. 과소비라하는 생각이 들면 이렇게 나를 위로했다.

'외식을 하면 소화되어 흔적도 없이 사라져버리는데 옷은 몇 년에서 몇십 년은 입을 수 있잖아. 얼마나 경제적이야.'

책 중독이 살길이다

"고객님, 인터넷 서점에서 보낸 택배가 오늘 도착 예정입니다."

오늘도 책이 도착한다. 벌써 마음이 흐뭇해진다. 너무 읽고 싶어서 구매한 도서 한 박스가 도착한다는 문자를 받았다. 우울했던 마음이 갑자기 행복으로 변한다. 어떤 상황이 나를 이렇게 행복하게 만들까. 나의 삶을 바꾸어준 책들이 도착하면 나는 며칠 잠을 설칠 것이다. 밤늦게까지 책을 읽고, 새벽에도 일어나 책을 읽는다. 책에서 읽은 내용에 마음이 뛰어 잠 속에 빠져 있을 수 없다. 책은 나를 변화시켰기 때문이다.

중독이 무조건 나쁜 것만은 아니다. 책 중독은 나에게 유익한 것이다. 책은 내 삶을 송두리째 바꾸어주었기 때문이다. 책을 통해 나의 의식이 바뀌고 행동이 바뀌고 삶이 바뀌었다. 독서에 중독된 삶, 그것은 영원히 끊기 싫은 중독이다.

독서로 나의 의식이 변하였다. 삶을 바꾸기 위해 가장 먼저 해야 할 것은 의식의 변화이다. 생각의 변화라고 표현할 수도 있다. 성공한 사람들은 성공자의 의식이 있다. 『빈자의 사고 부자의 사고』(이구치 아키라)를 보면 부자와 가난한 사람들이 얼마나 다른 생각을 가지고 있는지 확인할 수 있다. 사고방식, 인간관계, 자기 투자 기술, 부 설계도 등에서 두 부류의 사람들은 정반대의 사고를 가지고 있다.

"가난한 사람은 돈을 부정적인 존재로 생각한다. 부자는 돈을 사랑과 배려의 결정체라고 생각한다."
"가난한 사람은 키맨의 노하우를 훔치기 위해 무료 세미나에 참석한다. 부자는 키맨의 사고방식을 배우기 위해 기꺼이 돈을 낸다."

빈자와 부자의 사고가 얼마나 극단적으로 반대인지를 보여주는 문장이다. 부자와 가난한 사람들이 이런 극단적인 차이를 가지고 있기에 극단적인 결과를 만들어내는 것이다. 책을 통해 빈자의 사고를 부자의 사고로 바꿔간다면 이전과 다른 삶을 살게 될 것이다.

내가 읽었던 책으로 건강을 지키는 습관을 가지게 되었다. 엄마가 아프셨을 때, 그 분야에 대한 지식이 없었기에 책을 찾아 읽었다. 비록 엄마의 건강을 회복시키지는 못했으나 책에서 얻은 건강 정보는 내 삶에 적용하고 있다. 건강에 좋다는 식습관을 실천하고 있고, 몸에 나쁘다는 음식들은 먹지 않으려고 노력하고 있다. 자연식 위주의 식사를 차리자 그동안 아토피로 고생했던 조카들이 깨끗하게 낫는 것을 경험하였다.
쇼핑은 소비 습관이다. 돈을 유용하지 않은 것으로 보내버리는 것이지만 독서는 나의 생각의 틀을 바꾸어주고 삶의 문제를 해결해준다. 책에는 수많은 성공자의 인생이 담겨 있다. 그들이 하는 잔소리를 계속해서 듣다 보면 어느새 나의 생각과 의식이 바뀐다. 그리고 그 생각을 지속적으로 하다 보면 삶의 문제가 말끔히 해결된다. 이것이 바로 쇼핑보다 독서를 해야 하는 이유이다.

나는 쇼핑보다 독서가 좋다.

- 02 -

『놓치고 싶지 않은 나의 꿈 나의 인생』

나폴레온 힐, 국일미디어

"사고는 강력하다. 더군다나 이것이 명확한 목적, 끈기, 불타는 소망과 합쳐진다면 더욱 강렬한 에너지를 발산한다. 마음속에 싹튼 소망이 말을 통해 명확한 형태를 갖추면, 그것은 반드시 현실의 것이 되어서 손에 들어온다. 잠재의식이 가장 잘 받아주는 언어는 바로 감정이다. 파괴적인 감정에서 나를 지키고 건설적인 감정을 잠재의식에 심어라. 실패는 당신의 계획이 서툴다는 것을 가르쳐주는 신호다. 실패하면 즉시 새로운 계획을 세워 다시 목표를 향해 출발해야 한다. 도착하기 전에 단념한다면, 당신은 단순한 '중단자'가 되어버린다."

소망 달성을 위한 6가지 원칙

첫째, 당신이 바라고 있는 돈의 '금액'을 명확히 한다.

둘째, 소망을 달성하는 '기일'을 정한다.

셋째, 당신이 원하는 만큼의 돈을 얻기 위해 당신은 '무엇을 할 것인가'를 결정한다. 이 세상에는 대가 없는 보답이란 존재하지 않는다.

넷째, 돈을 얻기 위한 철저한 계획을 세우고 설령 그 준비가 덜 되었더라도 상관하지 말고 즉시 행동에 들어간다.

다섯째, 지금까지의 4가지 원칙—얻고 싶은 돈의 금액, 그러기 위해 할 일, 기일, 철저한 계획—을 종이에 상세히 적는다.

여섯째, 이 종이에 적은 선언을 1일 2회, 잠자리에 들기 직전과 아침에 일어난 즉시, 되도록 큰 소리로 읽는다. 이때에 당신이 이미 그 돈을 가졌다고 생각하고 그렇게 믿어버는 것이 중요하다.

자기계발서의 고전이라고 하는 책이다. 예전에 읽었을 때는 그냥 읽기만 했다. 구경만 한 것이다. 이제 내가 실천해야 한다는 관점으로 다시 읽어보니 실행할 덕목이 많다. 1인 창업은 자신과의 싸움이다. 의지와 신념이 없이는 꾸준하게 헤쳐나가기가 어렵다. 저자가 제시하는 법칙과 행동요령을 몸에 익히고 하루하루 힘차게 살고자 한다.

삶이 힘들 때 나는 도서관을 찾았다

고생만 하신 엄마가 암이라니

"엄마, 잘 지내지? 별일 없고?"

"별일 있다."

"무슨 별일?"

"내가 암이래. 위암!"

청천벽력이었다. 이제 63세인 엄마가 위암이라니. 믿을 수 없었다. 당장 달려가고 싶지만 내가 있는 곳은 섬이었다. 그것도 섬에 들어온 지 한 달도 되지 않은 때였다. 더 자세한 말씀을 해달라고 했더니, 엄마는 자세한 건 조직 검사를 해보아야 안다고 하셨다.

조직 검사 결과가 나온 날 전화를 했다. 엄마는 기운이 하나도 없는 목소리로 말씀하셨다.

"위암 3기 B단계래. 이때부터 말기라고 한단다."

설마가 사람 잡는다 했던가. 설마 했는데 이런 일이 벌어졌다. 앞이 막막했다. 엄마의 인생이 파노라마처럼 펼쳐졌다.

외가에서 셋째인 엄마는 머리가 좋았으나 돈이 없다고 하여 초등학교를 좀 다니다가 중퇴를 하셨다. 하지만 책도 잘 읽으시고, 셈도 다 하시고, 두뇌 게임 문제 같은 것도 잘 푸셨다. 언젠가 외할머니께서 엄마는 머리가 좋았는데 돈이 없어서 학교를 못 다닌 것이 한스럽다고 말씀하셨다.

엄마는 꽃다운 18세에 아빠를 만나 결혼하셨다. 때가 1966년이니 외가에서는 먹고살기 힘든 상황에서 엄마를 시집이라도 빨리 보내려고 하셨을 것 같다. 아버지와는 8살 차이가 나셨다.

엄마는 결혼하실 때 이미 임신을 하셨다고 했다. 11월에 결혼하신 엄마는 이듬해 5월에 나를 낳으셨다. 젊은 엄마이다 보니 이후 연년생으로 자식들을 낳으셨다. 나는 5월에 나고, 둘째는 이듬해 11월, 셋째는 2년 후 2월, 넷째는 이듬해 11월, 막내는 2년 후 1월. 무엇이 그렇게 급하신지 2년을 채우지 않으시고 줄줄이 낳으셨다. 맏이인 나는 67년, 다섯째인 막내 동생은 73년생이다.

　그 과정에서 엄마는 몸이 다 상하셨던 것 같다. 딸 셋을 내리 낳으셨으나 아들을 낳아야 한다는 무언의 압박으로 결국 넷째는 아들을 보셨다. 하지만 그 유일한 아들은 태어날 때부터 허약해 성장이 유난히 느렸다. 자신보다 15개월 늦게 태어난 여동생보다 더 늦게 걸었다. 태어날 때도 약했지만 엄마의 몸이 아파서 약을 드시느라 아들에게 젖을 제대로 못 주셨다고도 했다. 그렇게 줄줄이 낳은 5남매를 다 키우신 엄마.
　엄마의 고생은 그뿐만이 아니었다. 홀시어머니와 시누이, 시동생까지 함께 살았다. 우리 할머니는 성격이 완벽주의자시고 굉장히 깔끔하시다. 마흔에 남편을 보내고 혼자서 4명의 자녀를 키우셨고 얼마나 부지런하신지 모른다. 그런 시어머니를 모시면서 엄마는 엄청난 스트레스를 받으셨다. 어릴 때 할머니와 엄마가 소리를 높이며 언쟁을 하셨던 기억도 종종 있다.
　엄마는 농사일도 소처럼 하셨다. 동네 사람들도 지독하다고 혀를 내둘렀다. 밭에 일하러 가면 잘 쉬지도 않고 일만 하시고, 날이 컴컴해져도 하던 일을 다 마쳐야 돌아오곤 하셨다. 저녁밥을 늦게 먹기가 일쑤였다.

그렇게 결혼해서 45년, 아니 평생 63년 동안 고생만 하신 엄마가 암이라니 도저히 믿을 수가 없었다.

엄마가 확정 진단을 받은 그 주에 시골로 내려갔다. 당시에 승용차가 없어 시외버스를 타야 했는데 인천시외버스터미널에는 영풍문고가 있다. 서점에 들러 '위암'과 관련된 책을 10권 정도 구입했다. 버스를 타고 가는 3시간 정도 책을 빠르게 읽어나갔다. 시간이 아까웠다. 엄마에게 가서 몇 권을 드리고 왔다. 내가 아무리 공부한들 옆에서 보살펴드릴 수가 없기 때문이었다.

엄마의 치료법을 책에서 찾다

엄마를 뵙고 돌아온 후에는 도서관에 갔다. 서점은 신간과 베스트셀러 위주로 책이 구비되어 있어 내가 찾는 책이 많지 않았다. 도서관에는 '건강', '암', '위암' 같은 단어로 검색되는 책의 종류가 엄청 많았다. 엄마한테 드리고 온 책들까지 다시 빌려왔다. 일주일에 7권까지밖에 대출이 안 되는 것이 아쉬웠다. 빌려온 책을 빨리 읽고 다음 주에 또 빌리러 갔다. 인터넷 서점에서 수십 권의 책을 구입하였다.

책을 읽으니 그 질병의 원인과 증상, 치료법에 대해 알게 되었다. 국내 병원 의사들이 쓴 책은 대증요법 중심으로 되어 있었다. 기본적으로 수

술과 항암을 한 후에 식단 조절을 하는 식으로 말이다. 하지만 미국이나 일본에서 나온 책은 암 발생의 원인과 과정, 치료법까지 구체적으로 서술되어 있었다.

결론적으로 암은 자연 치유가 답이었다. 『항암제로 살해당하다』와 같은 책에서는 '수술', '항암', '방사선'을 3대 살해 요소로 규정짓고 있었다. 주위의 지인들이나 TV에서 암으로 사망한 사람들을 보면 거의 다 수술하고 항암 치료를 받은 사람들이었다. 병원 치료를 한 후 몇 년 되지 않아 재발하고 결국 사망하지 않는가.

엄마에게 자연 치유를 권하였다. 수술을 하지 않고 천연 항암 식품과 운동을 병행하며 치료하는 방법이 좋겠다고 말씀드렸다. 그러나 엄마와 아버지는 병원을 가야 한다고 하셨다. 병에 대해서는 의사의 말을 들어야 한다고 하시면서. 그분들이 살아오시면서 학습된 경험에 의하면 그 결론이 맞는 것이리라. 만약 내 의견대로 자연 치유를 하신다고 해도 어디서 해야 할지 막막하였다. 혹여 자연 치유를 하시다가 잘못되시면 그 원망이 얼마나 클 것인가 하는 생각도 들었다. 그러면 수술과 항암 후에 자연 치유를 하자고 말씀드렸다.

책을 읽다가 자연 치유를 할 수 있는 병원을 찾았다. 경주에 있는 '자연

의원'이다. 저자 조병식 의사는 병원 의사였다. 그는 병원에서 근무하면서 수많은 암 환자가 수술하고 항암 치료를 하여도 결국 잘못되는 것을 보았다. 그는 병원 치료법이 뭔가 잘못되었다고 판단을 하고 자연 치유 공부를 했다. 그리고 산속에 병원을 차렸다. 치료 방법도 자연 치유에서 나오는 다양한 방법을 사용하였다.

나는 엄마가 수술하시고 항암 치료까지 하신 후에 그곳으로 보내드렸다. 자연 치유에 대한 책을 읽으셨던 엄마는 흔쾌히 가셨다. 그곳에서 지내는 4개월의 시간이 엄마가 암 환자로서 지낸 생활 중 가장 건강하고 행복한 생활이었다. 아침 기상부터 저녁에 잠드실 때까지 자연 속에서, 자연 치유를 하시면서 운동하시고, 채소와 과일이 풍성한 자연 식사를 하셨다.

도서관에 가지 않았다면 그곳을 알지도 못했을 터였다. 요즘 보니 그 원장님은 유튜브에서 열심히 활동하고 계신데, 당시에는 유튜브도 없었기에 오로지 책으로 찾을 수밖에 없었다. 내 삶이 힘들 때마다 나를 맞아준 도서관. 인생 문제란 힘들 때마다 해법을 찾았던 장소이다.

요즘은 새로운 문제 해결을 위해 도서관을 찾는다. 바로 '책 쓰기'다. 나의 첫 개인 책을 쓸 때는 마침 겨울방학이었다. 집, 카페, 도서관 등 여러 장소에서 집필을 하였는데, 가장 효과적인 장소는 도서관이었다. 하루 종일 12시간을 앉아 있어도 눈치 주는 사람이 없다. 카페는 2시간만 넘어가도 주인 눈치가 보였다. 최근에는 나의 두 번째 책을 집필하느라 또 도서관에 갔다. 도서관은 집필하는 데 필요한 참고도서 찾기가 쉽기 때문이다. 도서관의 책들을 쌓아놓고 뒤적이면서 확인하는 과정이 행복하기만 하다.

나는 재테크 독서를 하기로 했다

책 읽기만 하면 무능해진다

"당신은 평생 글 읽기만 좋아하더니 고을의 환곡을 갚는 데는 아무런 도움이 안 되는군요. 쯧쯧 양반, 양반이란 한 푼어치도 안 되는걸."

『양반전』에서 양반의 아내가 남편에게 퍼붓는 독설이다. 이 작품에서 비판하고 있는 양반의 모습을 좀 더 살펴보자.

양반이란 사족들을 높여서 부르는 말이다. 정선군에 한 양반이 살았다. 이 양반은 어질고 글 읽기를 좋아하여 매양 군수가 새로 부임하면 으레 몸소 그 집을 찾아가서 인사를 드렸다. 그런데 이 양반은 집이 가난하여 해마다 고을의 환자를 타다 먹은 것이 쌓여서 천석에 이르렀다. 강원도 감사가 군읍을 순시하다가 정선에 들러 환곡의 장부를 열람하고는 대노해서 이렇게 말했다.

"어떤 놈의 양반이 이처럼 군량을 축냈단 말이냐?"

가난해서 갚을 힘이 없는 것을 딱하게 여기고 차마 가두지 못한 데다 무슨 도리도 없었다. 양반 역시 밤낮 울기만 하고 해결할 방도를 차리지 못했다.

양반의 아내가 남편에게 내뱉는 독설은 이 시대에도 통하는 말이다. 형식과 허례허식만 중요시하여 속 빈 독서나 공부만 하고, 속은 빈껍데기인 양반들의 모습이 아직도 남아 있다는 게 문제다. 석사, 박사 학위를 따거나 해외 유학을 다녀오고도 직업을 갖지 않고 살아가는 사람들, 책을 읽기만 하고 실천은 하지 않아 다른 사람들에게 피해를 주면서 사는 사람들이 그런 부류의 사람들이다. 죽은 지식을 암기하는 방식으로 공부를 하니, 시시각각으로 닥쳐오는 실존의 문제를 무슨 방법으로 막을 수 있겠는가.

독서도 많이 하는데 삶의 문제 해결은 못 하는 사람들도 있다. 인문학, 철학을 깊이 있게 읽어서 지식이 많을 텐데도 자신의 경제 문제는 도저히 해결을 못하는 사람이 주위에도 있다. 안타깝다. 책을 왜 읽느냐고 물어보면 책이 좋아서라고 대답한다. 인간이기에 책을 읽는다고 한다. 책 읽는 시간만큼은 세상에서 가장 행복하다고 한다. 그러나 정작 자신의 의식주 문제 하나 해결을 못한다. 알콜 중독, 도박 중독으로 정작 빚더미에서 헤어나오지 못하기도 한다. 독서를 그렇게 많이 하면서 자신의 생존 문제도 제대로 해결하지 못하는 것을 보면 너무 안타깝다. 그런 사람이 독서가 좋다고 다른 사람들에게 독서하라고 권한다면 누가 그를 따라하겠는가.

난 빚이 많았다. 2억 빚을 진 내가 할 수 있는 것은 책을 읽는 일이었다. 평소 책을 좋아하고 책에서 문제 해결 방법을 찾았던 습관이 있었기 때문이다. 난 빚을 갚을 수 있는 방법을 책에서 찾기로 했다. 책에는 재테크 관련한 내용이 정말 많았다. 책에서 제시하는 방법대로 실천해나갔다. 매월 고정 지출 내역을 정리해보면서 보험, 적금을 정리하였다. 휴대폰도 우체국 알뜰폰으로 바꾸었다. 신용카드를 끊고 현금이나 체크카드를 사용하였다. 엑셀 양식에 가계부를 작성하고 영수증은 노트에 2주 단위로 붙여보았다. 예전에는 매월 17일이 되면 월급이 내 통장을 스쳐갔다. 몇 개월 지나면서 비상금도 마련되었다. 매월 17일 통장에 잔고가 남아 있는 기적이 일어났다. 내게도 이런 날이 오는 것을 경험하고 정말 놀라움을 금치 못했다.

나의 첫 책을 읽은 사람들이 나를 위로한다. 그렇게 힘든지 몰랐다며 어떻게 그렇게 표시도 안 냈냐고 한다. 항상 웃고 있어서 그런 사정이 있는 줄은 짐작도 못했다고 하면서.

독서하며 즐겁게 재테크한다

사실 나는 처절하고 절박한 심정으로 빚을 갚았지만 그렇게 힘들지는 않았다. 남들처럼 극단적인 생각을 하거나 가족을 원망해본 적도 별로 없었다. 다만 경제관념이 부족해 다른 사람들에게 돈을 퍼주기만 하고 사기까지 당한 것이 후회될 뿐이었다. 또한 동생들이 경제적인 원조를 받고도 자립하지 못하는 것이 안타까웠다. 그래서 물고기를 주는 것이 아니라 물고기 잡는 법을 알려주어야 한다는 말이 맞는가 보다.

2억 빚을 지고도 내가 긍정적이었던 이유는 바로 책 덕분이었다. 책을 통해 해결책을 찾았기 때문이었다. 책을 읽으면서 긍정적인 마인드를 세팅할 수 있었고 계속해서 의식을 높일 수 있었다. 책을 통해 우리 집만 그런 것이 아니라는 것을 알게 되어 안심하기도 했다. 책에 나온 방법대로 실천해서 얼른 빚을 갚고 싶은 생각이 간절하기만 했다.

책이 출간되고 나서 독자들의 응원과 도움의 피드백을 받았다. 특히 자신의 경제 상황을 이야기하면서 멘토가 되어주었으면 하는 독자들의 요청은 뿌리치기가 어려웠다. 내 빚의 10분의 일도 안 되는 빚으로 인해 삶을 포기하고 싶었다는 내용도 있었다. 그런 사연을 보면 참으로 안타까웠고 적극적으로 도움을 주고 싶었다. 먼저, 그들에게 따스하게 위로를 건네고 할 수 있다는 응원을 했다. 내가 실천했던 방법들을 제시하면서 이 상황을 즐겁게 이겨낼 것을 주문했다.

나아가 재테크 독서 전문가가 되기로 했다. 독자들과 상담을 하면서 그들에게 바로 해줄 수 있는 조언은 별로 없었다. 빚을 갚을 수 있는 비법은 사람마다, 가정마다 다르기 때문이다. 그 사람의 자산과 대출 현황을 파악하지 않으면 빚 문제를 건드리기가 쉽지 않았다. 또 그 사람의 소비 습관도 파악해야 했다. 자산 현황과 대출 현황을 파악하면 빚 갚는 데 얼마나 걸리는지도 알 수 있었다. 소비 습관, 즉 고정비와 생활비 지출 현황을 알면 그것들을 통제할 수 있었다. 그러기 위해서는 내가 더 탁월한 전문가가 되어야 했다. 재무 설계나 자산 관리의 업무를 알아야 했다. 그 사람 또는 그 가계의 전반적인 재무 흐름을 알게 되면 현재 자산을 활용하여 빚을 갚을 수도 있었다. 장기저축이나 보험을 살펴서 해약하고 그걸로 빚을 갚는 것이다. 그러면 예상치 못했던 불로소득으로 빚을 갚은 느낌이 든다.

빚을 갚는 것보다 중요한 것은 사람들의 의식이다. 내가 2억 빚을 진 상태에서도 좌절하지 않았던 것은 책 덕분이었다. 책 속에서 길을 찾고 비법을 찾은 것은 신의 한 수라 생각한다. 난 책을 통해 긍정적인 생각, 자신감을 얻었고 나아가 자존감이 높아졌다. 나에게 상담을 요청하는 사람들에게도 독서를 통해 긍정 마인드로 변화할 수 있도록 도울 것이다. 할 수 있다고 믿으면 못할 것이 없는 것이 사람이다.

빚을 다 갚고 나면 재테크를 할 것이다. 재테크 독서를 하면서 다양한 재테크 방법을 공부했다. 적금부터 주식, 펀드, 부동산, 경매까지 재테크는 다양하다. 자신의 성향과 종잣돈의 액수에 따라 적절한 방법을 사용하면 된다. 많은 사람이 빚을 갚으면 종잣돈을 모으고 재테크를 하고 싶어 한다. 그런 사람들에게 재테크 방법을 소개하고, 필요하면 전문가를 연결해줄 것이다. 나는 '재테크 전문가', '자산 관리사', '재무설계사'로 거듭날 것이다.

간절하면 꿈이 이루어진다. 얼마 전 참여했던 독서 캠프에서 보험업을 하는 자산 관리사와 한 방을 썼다. 능력 있어 보이는 그녀의 직업을 듣는 순간 소름이 돋았다. 내가 간절히 원했던 상황이 이루어진 것이다. 그녀와 연락처를 주고받으며 서로 윈윈하기로 했다.

자산 관리사 분야 자격 시험도 도전할 것이다. 제대로 공부하고 준비하여 나를 만나는 사람들이 부자가 되도록 도울 것이다. 재테크 전문가가 되어 사람들의 자산과 부채 현황을 파악해주고 앞으로 어느 분야의 재테크를 해야 하는지를 조언해줄 것이다. 내가 잘 알고 있는 지식과 경험으로 도움이 필요한 사람들에게 조언을 해줄 수 있다는 것은 인간으로서 큰 행복이다.

난 오늘도 재테크 독서를 한다. 이제는 아예 '재테크'라는 제목의 책을 10여 권 구매하였다. 저자들은 주로 자산 관리사나 재무설계사로서 금융업에 종사하는 사람들이다. 그들의 노하우를 제대로 공부할 것이다. 그리하여 내 책을 읽고 도움을 요청하는 사람들, 나의 카페에 가입하거나 블로그 같은 SNS에 찾아와 SOS를 치는 사람들을 도울 것이다. 빚의 늪에 빠진 사람들을 구하여 빛의 세계로 함께 나아가는 것이 나의 꿈이다.

07

책 속에 길이 있는데 왜 안 읽을까?

인생은 문제 해결 과정

"아침 7시야. 일어났니?"

"응. 좀 전에 일어났어."

"개인 사업자는 시간이 생명이야. 부지런해야 돼."

출근하면서 동생을 깨우는 전화이다. 나의 동생 둘은 제주도에 살고 있다. 둘째는 30년째이고, 셋째도 25년 정도 되었다. 이제는 제주도 사람들이 다 되어 본래 있던 사람들처럼 사투리를 구사하기도 한다. 몇 달

전 동생들은 외국계 건강식품 직접판매회사 제품을 먹고 큰 효험을 보았단다. 유○○○라는 회사인데 혈관 관련 제품을 먹고 건강이 많이 좋아졌다고 했다. 우리 5남매는 유전적으로 건강이 좋지 않은 편이다. 아버지보다 엄마의 건강이 안 좋으신데 나쁜 유전자는 왜 더 많이 닮는지 모르겠다. 물론 그들이 바쁘고 힘들어서 건강 관리를 잘하지 못한 탓도 있다. 몸이 워낙 안 좋으니 건강식품을 먹고 바로 효과가 나는가 싶기도 했다.

자신이 건강해지는 것을 체험하고 나서 제품 전달에 적극적으로 나섰다. 둘째가 먼저 사업자로 등록을 하고 동생한테 전달해서 같이 활동하기로 했다. 우리 5남매만 해도 제품을 먹기로 들면 꽤 많은 소비가 일어날 것이다.

동생에게 몇 가지 조언을 했다. 당연히 책 읽기에 대한 조언은 가장 중요하게 강조한다. 지금까지 집안에서 내가 걸어온 길이 있기에 동생들은 나의 말을 신뢰하는 편이다.

"이 사업이 발로 뛰는 사업이니만큼 성실하게 열심히 해야 한다."

"사람들을 만나는 일이니까 상대방의 마음을 읽어야 한다. 독서는 필수이다."

"의식을 깨워주고, 인간관계도 알려주고, 서비스 마인드도 알려주는 책들을 많이 읽어라."

인생은 문제 해결 과정이다. 의식주 문제, 인간관계 문제, 자아실현의 문제, 국가와 전 인류의 문제들까지 문제가 없는 것은 없다. 수학 문제처럼 인생에도 정답이 있으면 좋으련만 혹 모범 답안이라고 해도 그것이 정말 모범인지 누가 알겠는가. 그저 최선의 답만 있다고 볼 수도 있다.

사람들은 인생 문제 해결을 위해 어떤 방법을 찾을까. 어떤 사람들은 주위 사람들에게 묻고, 어떤 이는 멘토를 찾을 것이다. 내가 인생 문제를 해결할 때 사용한 방법은 책이었다. 책은 내가 원하는 시간과 장소에서 만날 수가 있다. 단 1분에서 종일 붙어 있어도 된다. 동서고금의 훌륭한 사람들의 조언을 다 들을 수도 있다. 이렇게 훌륭한 해결자가 또 있을까.

난 인생 고민에 대해 다른 사람들한테 막 털어놓고 하소연하는 것을 싫어한다. 집안의 맏이로 자라면서 혼자 문제를 해결해나가는 것이 습관이 되어 있기 때문이다. 부모님께 질문해도 잘 모르시는 내용도 많았고, 동생들한테 물을 수도 없었다. 자라면서 친구들 가운데 언니나 오빠가 있는 친구들을 많이 부러워했던 이유이기도 하다.

가끔 주위 선배들이나 동료들에게 자문을 구하기도 했다. 하지만 상담을 하면서 결국 내가 질문하고, 내가 생각하고, 내가 답까지 만들어내야 한다는 것을 깨닫게 되었다. 또 나의 문제인데 지인들의 귀중한 시간을 뺏는 것이 미안해졌다. 반대로 누군가 나에게 조언을 청해왔을 때도 내가 시간이 넉넉하지 않으면 미안하기도 하고 난처했다.

문제 해결, 책으로 된다

책 속에는 모든 문제의 해결책이 있었다. 교사로서의 문제 해결을 위해서도 책은 유용한 비법이었다. 교사로 살다 보면 몇 가지 문제에 부닥친다.

첫째는 수업 문제이다. 교사들은 누구나 최고의 교사가 되고 싶어 한다. 수업을 끝내고 교실을 나올 때, 내심 흐뭇한 마음과 행복한 발걸음을 걷고 싶어 한다. 그것은 만족도에서 오는 것이다. 그런데 그것이 쉽지 않았다. 초임 때는 경력이 많아지면 수업의 달인이 될 것이라 생각했다. 현실은 경력이 쌓여갈수록 학생들과의 세대 차이, 괴리감이 생기는 걸 경험했다. 교실을 나올 때 찜찜함을 느끼는 경우가 많아졌다.

현장에서 수업 방식도 변해갔다. 기존에는 강의식 수업을 능수능란하게 하는 교사가 우수하다고 인정받았다. 교육 과정이 바뀌면서 학생들이 스스로 배우고, 배움이 많이 일어나는 수업이 좋은 방식이라고 했다. 수업 방법에 관한 책을 보았다. 『배움의 공동체』, 『거꾸로수업』, 『하브루타 수업』 같은 학생 중심 수업 방식을 찾아보았다.

책을 읽고 독서 모임을 하기도 했다. 모임에 참여했던 동료들은 책을 읽으니 연수를 들을 때보다 더 쉽게 이해가 된다고 했다. 모르는 것은 상세한 설명을 보면 되고, 반복해서 읽을 수 있고 구체적인 방법까지 터득할 수 있다는 것이었다. 책을 읽고 익힌 새로운 방법은 수업 시간에 적용을 해보았다. 학생들은 처음에는 낯설고 어려워하기도 했지만 자세히 설명하고 반복하여 연습을 하니 금세 이해를 하고 따라왔다.

둘째는 학생 상담이다. 학교에 있다 보니 학생들의 삶이 다양하다는 걸 알게 되었다. 겨우 십몇 년밖에 살지 않은 학생들이지만 각자 처한 상황은 다 다르다. 많은 학생이 있어도 학생들을 상담하기 위해서 책을 읽었다. 최성애 박사의 『감정코칭』은 학생들을 이해하고 감정을 공감하는 방법을 익히는 데 최고의 책이다. 저자가 실제 상담하면서 했던 방법을 기록한 것이라 실제적인 방법이 다 녹아 있기 때문이다. 상담하면서 학생들의 감정을 읽어주고 "괜찮아, 괜찮아." 하면서 들어주면 내담자들은 자신의 이야기를 하면서 치유가 된다. 사람들은 답답하고 힘든 마음을 털어놓을 대상이 없어 고통을 받고 있다. 자신의 상처가 무엇인지 구체적으로 명확하게 잡히지 않아 힘들어한다. 상담자에게 이야기를 하면 자신의 문제가 무엇인지 명확하게 드러나게 되고, 그러는 동안 해법도 보이게 되는 것이다.

김주환의 『회복탄력성』은 먼저 나 자신에게 '인생 문제가 있어도 그것을 회복하면 된다.'는 응원을 할 수 있어서 좋았다. 그 경험을 바탕으로 내담자들인 학생들에게 희망을 주는 데 도움이 많이 되었다. 내담자들에게 지금 힘들고 어려워도 다시 일어서면 된다고, 나도 그랬었노라고 용기를 주면 표정이 밝아졌다. 세상의 위인들도, 성공한 사람들도 모두 시련에 지지 않고 툴툴 털고 일어서서 다시 회복한 사람들이라는 말은 삶에 큰 위로를 주는 말이다.

셋째는 학업 상담이다. 학생들은 누구나 공부를 잘하고 싶어 하지만 아무나 공부를 잘하지는 못한다. 어떤 학생은 수업시간만 열심히 하고 별로 복습을 하지 않는데도 성적이 상위권을 유지한다. 어떤 학생들은 밤낮없이 공부만 하는데 성적은 중하위권이다. 그 이유에 대해 생각을 많이 했다. 두 부류의 학생들을 관찰하면서 얻은 결론은 공부 방법의 차이이다. 학교나 가정에서 학생들에게 공부 방법을 잘 알려주지는 않는다. 세상에! 방법도 모르는데 무조건 공부하라고 하는 것이다. 학생들에게 미안했다.

그들에게 공부 방법을 알려주었다. 내가 알려주기보다는 '학습법'에 관련한 책을 권했다. 고등학교 학생들을 위한 공부법 책은 많이 나와 있다. 그중 실제적이고 구체적인 내용이 들어 있는 책은 박철범의 『하루공부법』이었다. 그의 첫 책인 『하루라도 공부만 할 수 있다면』을 보면 공부를 해야 하는 이유를 확실히 찾을 수 있다. 힘들고 어려운 시절, 엄마는 교도소에 들어가고, 빚쟁이들이 저자가 다니는 고등학교나 집에 매일 찾아왔다. 그 역경의 시간에 공부를 하면서 '제발, 하루라도 마음 편히 공부를 하고 싶다!'라고 생각했다는 것이다.

이 책을 읽으면 학생들은 내심 자신들의 상황이 그렇게 극단적이지 않은 것에 감사한다. 저자가 어려운 상황에서도 공부를 해서 법대에 가는 것을 보고 자신도 열심히 하겠다는 결심을 하게 된다. 특히 서울대 공신들의 책을 읽으면 저자들의 어려운 상황을 엿보게 된다. 책을 읽으며 상대적인 안도감이나 행복감을 얻는 것은 매우 중요하다. 바로 그것이 저자의 메시지이기 때문이다. 저자의 힘든 상황을 엿보면서 독자들이 용기를 얻고 희망을 갖는 것이 바로 책의 효능이기 때문이다.

학습법에 관한 책들은 많다. 주로 공부의 신이라 불리는 저자들이 자신의 경험담을 녹이고 공부하는 방법을 다 담았다. 학생들에게 공부를 잘하려면 공부법을 공부하라고 한다. 그렇지 않으면 운전면허도 없는데 운전하라고 떠밀리는 상황이 되어버린다.

책 속에는 인생의 모든 길이 있다. 문제가 없는 인생은 없다. 사람이 문제만 생각하고 문제에만 파묻히면 헤어나올 방법이 없다. 문제 뒤에 해답이 있다는 사실을 믿고 책을 읽어야 한다. 인생에 대한 명답, 바로 책에 있는데 왜 책을 안 읽는가?

- 03 -

『일본 최고의 대부호에게 배우는 돈을 부르는 말버릇』

미야모토 마유미, 비즈니스북스

뭘 해도 안 풀린다면 지금 당장 말버릇부터 바꿔라!

칭찬 받기의 달인이 되는 비법

초급 : 남들이 칭찬을 해주면 무조건 "감사합니다"하고 넙죽 받는다.

중급 : 칭찬을 받으면 이렇게 말한다. "감사합니다. 솔직한 분이시군요"

상급 : 칭찬을 받으면 최고의 미소를 보이며 "감사합니다. 그런 이야기 자주

들어요!"라고 말한다. 이 말에 상대방은 분명히 웃게 된다.

나의 생각과 말버릇을 되돌아보고 고치는 계기가 된 책이다. 학생들을 대하는 나의 태도도 많이 바꾸었다. 생각과 말이 중요하다고 강조하며 만날 때마다 칭찬을 해주니 학생들도 자신감을 가지게 되었다. 책 내용이 감동적이어서 수업 시작하기 전, 10분 정도 학생들에게 읽어주었다. 내가 책을 읽어갈 때마다 학생들의 표정과 말이 점차 긍정적으로 바뀌어 갔다. 칭찬받기 달인 비법 상급도 일상에서 사용해보았더니 학생들이 환하게 웃으며 좋아했다. 학창 시절은 평생 사용할 말버릇을 배우는 중요한 시기이다.

나는 신용카드를 끊고 체크카드나 현금을 사용했다. 부자들이 현금이나 체크
카드를 사용한다는 것을 책을 통해 알았다.

2 장

부자 만드는
재테크 독서,
제대로 하라!

01

문제를 해결하는 진짜 독서

책, 읽기만 하면 될까?

"당신은 평생 과거를 보지 않으니, 글을 읽어 무엇 합니까?"

허생은 웃으며 대답했다.

"나는 아직 독서를 익숙히 하지 못하였소."

"그럼 장인바치 일이라도 못 하시나요?"

"장인바치 일은 본래 배우지 않았는걸 어떻게 하겠소?"

"그럼 장사는 못 하시나요?"

"장사는 밑천이 없는걸 어떻게 하겠소?"

처는 왈칵 성을 내며 소리쳤다.

"밤낮으로 글을 읽더니 기껏 '어떻게 하겠소?' 소리만 배웠단 말씀이오? 장인바치 일도 못 한다, 장사도 못 한다면, 도둑질이라도 못 하시나요?"

허생은 읽던 책을 덮어놓고 일어나면서,

"아깝다. 내가 당초 글 읽기로 10년을 기약했는데, 인제 7년인걸……."

하고 휙 문밖으로 나가버렸다.

『허생전』의 앞부분으로 허생과 아내의 대화이다. 가정의 생계에는 관심 없이 책만 읽는 허생에게 그의 아내는 장인바치, 장사도 못 한다면 차라리 도둑질이라도 하라고 공격한다. 요즘에도 허생 같은 남편이 있다면 아내가 스트레스를 받을 텐데, 조선시대에 아내가 생계를 책임져야 할 상황이었다면 얼마나 힘들었을까.

이 소설을 읽고, 의식주 문제는 뒤로한 채 책 읽기에만 집중하는 사람들이 생각났다. 주변에는 유학을 다녀오거나 석박사 학위를 따고서 취업

하지 않고 시간을 허비하는 사람이 있다. 자신의 학력에 맞는 직업을 만나지 못했다고 하면서 구직 활동만 계속하고 있다. 부모님은 자식이 좋은 곳에 취직하리라는 상상을 하며 지원을 계속한다. 책을 읽기는 하지만 삶이 달라지지 않는 사람들. 특히 고학력자일수록, 학위가 높을수록 그런 경우가 많다.

현대 사회는 자본주의 사회다. 자본주의란 자본이 중심이 되어 돌아가는 사회이다. 자본이 없이는 제대로 생활하기가 어렵다. 기본적인 의식주부터 삶의 질을 자본이 결정한다. 돈이 없으면 삶의 질이 떨어지는 생활을 하기가 쉽다. 사람들은 돈을 벌어 잘 먹고 잘 살기 위해 다양한 노력을 한다.

우리나라에서 돈을 벌기 위해 가장 많이 찾는 방법은 공부이다. 고등학교 진학률은 거의 100%이고, 대학교 진학률도 세계 1, 2위를 달리고 있다. 자신이 공부를 하거나 자녀들을 공부시킨다. 좋은 대학을 나오면 좋은 직장에 들어가거나 좋은 직업을 갖는다고 누구나 굳게 믿고 있다.

학력이 높으면 좋은 대기업이나 중소기업에 취직하고, 전문직에서 일할 가능성이 높은 것은 사실이다. 대기업이나 중소기업 취업 조건을 보면 '전문대졸 이상'이라고 해놓고 같은 조건이면 4년제 이상을 뽑는 것이 현실이다.

학력이 높으면 부자가 될 가능성이 높을까. 사람들은 그렇다고 생각한다. 나도 그럴 것이라고 오랜 시간 당연시 여겨왔다. 하지만 실제로는 학력과 부의 상관관계는 별로 없다. 외국이나 우리나라의 자수성가한 기업가, 높은 순위에 있는 부자들을 보면 고학력자가 상대적으로 적다. 학력이 높지 않은 사람들이 사업 수완이 있고 배짱이 있어 기업가, CEO를 하는 경우가 많다.

석박사, 유학파들은 주로 어디에서 일을 하고 있을까. 공무원, 공기업, 대기업 같은 곳에서 월급을 받는 직장인으로 사는 사람들이 많다. 우리나라에서 학교 공부를 하는 목적은 충실한 직장인을 길러내는 구조이기 때문이다. 좋은 대학에 들어가는 목적을 물어보라. "사업을 하기 위해, 창업을 하기 위해."라고 대답하는 사람이 과연 몇이나 될까. 그저 매달 일정하게 들어오는 월급을 받으며 안정적으로 생활하고 싶은 목적이 대부분이다.

재테크 독서를 실천하라

부자가 되려면 어떻게 해야 할까? 부자에게 방법을 배우면 된다. 부자들이 사용한 방법을 따라 하면 된다. 부자들의 방법은 다양하지만 그중 공통적인 것이 바로 독서이다. 세계적인 부자들 가운데 독서를 강조하지 않은 사람은 별로 없다. 빌 게이츠, 워런 버핏, 이병철 회장, 정주영 회장 등 수많은 CEO가 독서를 생활화했다.

책에도 여러 종류가 있지만 나는 첫 단계로 재테크 독서를 권한다. 재테크 독서는 혼자 하는 것보다 다른 사람들과 같이하는 것이 좋다. 다른 사람들과 이야기를 나누다 보면 다양한 사례와 삶의 방식을 알게 되고 그것을 나의 삶에 실천하면 큰 도움이 된다.

재테크 독서 모임을 만들거나 참여한다. 대도시에는 독서 모임이 많다. 인터넷 카페나 블로그를 보면 독서 지역별로 모임을 많이 하고 있다. 재테크 독서 모임을 하는 곳도 있다. 그런 독서 모임을 적극 권한다.

나의 책이 나온 후 지인들은 빚이 많은데 어떻게 하면 좋겠냐고 툭 털어놓고 문의를 해왔다. 상황이 모두 제각각이었다. 집 보증금을 사기 당해 당장 집을 빼야 하는 사람도 있고, 생활 빚으로 고생하는 사람도 있고, 남편이 실직하고 시간이 흘러 수입이 적어지는 집도 있다. 그들의 상황을 묻고, 고민을 들어주고 내가 알고 있는 해법을 알려주면서 용기를 주었다. 고향이라 친구나 후배들도 많은데, 빚 없이 사는 사람은 거의 없다고 봐야 한다. 힘든 사람들은 누군가가 자신의 이야기를 들어주는 것만도 고마워했다. 어디 가서 누구에게 말도 못 하고 끙끙 앓고만 있었는데, 자신의 마음을 읽어주는 사람이 있으니 감사하다고 했다. 그 사람들의 고민을 들어주고 내가 알고 있는 것에 대해 방법을 알려주면 정말 고맙다고 했다. 딱히 내가 해주는 것 없이 멘토링을 해주는 것만도 좋아하니 책 쓴 보람을 느끼게 된다.

재테크 독서 모임이 방법이라는 생각이 들었다. 당장 독서 모임을 만들었다. 생각이 떠오르는 것은 '표지'이고 '힌트'인 것이다. 월 2회, 격주로 내가 살고 있는 곳의 카페 2층에서 모임을 하기로 했다. 처음이라 신청자는 10명 정도이지만 책으로 인생을 바꾸고자 하는 사람들이라 멋지게 모임을 시작할 수 있을 것이다. 나의 친구들이나 후배들은 벌써 40-50대이다.

예전 같으면 회사에서 은퇴하고 노후를 준비할 시기이지만 요즘은 걱정스런 시기이다. 아직 안정된 노후 준비가 안 되어 있는데 퇴직을 해야 하기 때문이다. 자식들은 늦은 나이까지 독립을 하지 않고 부모에게 의존하면서 살고 있다. 부모는 부담이 커지는데 딱히 해결할 방법은 별로 없어서 고민한다. 우리 세대는 위로는 부모님을 봉양하고, 아래로는 자식을 섬기는 삶을 살아야 한다.

난 그들에게 방법을 제시한다. 방법은 모두 책에 있다고. 우리가 알아야 할 모든 것은 책에 있다. 나의 문제 해결 방법도 책 속에서 찾아낸 것이다. 책을 읽고 책 속에 있는 방법들을 내 것으로 삼아 실행했을 뿐이다. 우리가 책을 읽어야 할 이유가 바로 그것이다. 그런데 책은 혼자 읽으면 30% 정도 효과가 있다. 독서의 효과를 100% 보려면 토론과 글쓰기를 병행해야 한다. 혼자 읽고 혼자 생각하기만 하면 뾰족한 방법이 떠오르지 않을 수 있다. 독서 모임을 통해 다른 사람들과 책에 대한 생각을 나누고 그 소감을 글쓰기까지 연결시킨다면 독서의 효과는 극대화될 것이다.

책 읽기, 책만 읽는 바보 생활은 그만 두자. 인생이 여유가 넘치고 경제적인 여유가 많은 사람이라면 책 읽기를 취미로 해도 된다. 그러나 책을 통해 인생을 바꾸고자 하는 사람들은 좀 더 적극적인 독서를 해야 한다. 취미나 전공 분야의 독서만이 아니라 재테크 분야의 책을 읽어야 한다. 독서는 단순한 취미의 차원이 아니다. 삶의 문제를 해결하는 도구로서의 독서가 진정한 독서라고 생각한다.

내 의식을 뒤엎는 기적의 독서

책을 통해 의식이 달라졌다

얼마 전 TV 프로그램에는 염력으로 사물을 움직이는 스님이 소개되었다. 그가 손을 뻗자 사람이 쓰러지고, 유리 조각이나 뜨거운 숯불 위를 걷는 모습이 나왔다. 그는 기 수련을 통해 염력을 사용할 수 있다고 설명했다. 4살 무렵에 양친을 잃고 할머니 손에서 자라다가 불가에 귀의하여 절에서 수련을 하게 되었다. 그는 "기를 발공시켜 그 기운으로 몸 자체를 철같이 만들 수도 있다. 끊임없는 수련을 통해 가능한 결과다."라고 말했다.

같은 프로그램에서는 30년 자연과 하나 되어 산중 생활을 하고 있는 한 남자의 초능력도 소개되었다. 30년 동안 산속 생활을 하면서 기 수련을 통해 깜깜한 동굴 안에서 글씨를 썼는데 아주 훌륭한 작품을 써냈다. 그림도 보통 솜씨가 아님을 보여주고 있다. 인간이 과연 이런 능력을 갖는 것이 가능한가.

인간이 어떻게 그렇게 기적을 일으킬 수 있다는 말인가. 내 생각을 깬 것도 책이었다. 그중에서 『상상의 힘』이라는 네빌 고다드의 의식 책은 생각의 틀을 완전히 바꾸어주었다.

네빌 고다드는 1905년 서인도제도의 작은 섬 바베이도스 출생이다. 의식에 관한 심오한 법칙을 가장 잘 설명해준 형이상학자이자, 서양에서 신사상 운동에 막대한 영향력을 끼친 인물이다. 그의 강의는 상상력을 통해 원하는 성취하는 방법을 가르쳤지만, 이에 국한되지 않고 더 깊은 내면의 자아를 알 수 있게 설명해주고, 그 길을 제시해주고 있다. 네빌은 단순한 강연자라기보다는 법칙을 충만하게 사용하는 실천가였고, 그 실천의 깊이만큼 다른 이들에게 자세하고 효과적으로 자신의 의식을 이용해 삶을 충만하게 하는 방법을 가르쳤다. 그는 한 친구의 소개로 마음의 힘에 관한 책들을 접하게 되고 이로써 형이상학에 관심을 갖게 된다.

– 『상상의 힘』 작가 소개에서

나는 네빌 고다드의 책을 읽고 큰 충격을 받았다. 내가 지금까지 별 볼 일 없이 살았던 이유를 찾았다는 생각이 들었다. 이런 형이상학의 세계를 알지 못했기 때문이다. 막연한 운명을 믿었다. 인간은 누구나 자신의 운명대로 태어나 살다가 가는 것이라고 생각했다. 20대까지 무난하게 살았던 것도 40대 이후 어려움에 빠지게 된 것도 다 내 운명이라고 생각했다. 운명이니만큼 내가 어쩌지 못하는 분야인 것이다. 내 삶이지만 신의 영역에 속하는 운명이기에 내가 아무리 발버둥쳐도 내 삶은 변하지 않을 거라고 무의식적으로 되뇌였던 것이다.

내가 항상 부정적으로 생각해온 것은 아니다. 운이 좋게도 난 긍정적인 생각을 많이 하고, 강한 의지력을 가지고 살아온 편에 속한다. 아버지의 강한 정신력을 물려받았다는 생각을 하기도 했다. 우리 집에서 가장 정신력이 강하셨던 분은 할머니다. 나이 40에 남편을 보내고 홀로 남아 2남 2녀를 번듯하게 키우셨다. 그분의 생각은 항상 옳았고 지혜로운 현모양처의 그것이었다. 난 할머니를 엄마처럼 믿고 따랐다. 2살 때부터 할머니 품에서 자란 덕분이다. 아버지는 할머니를 잇는 강한 정신의 소유자이시다. 가부장적인 모습으로 가족들에게는 무뚝뚝하고 무서운 모습을 보이셨으나 내면은 사랑으로 가득 찬 분이다. 어린 시절부터 아버지의 그런 내면을 깨달은 우리는 아버지를 존경하는 인물 1위로 밝히는 데 주저하지 않았다.

그러나 10년 전부터 우리 집에 불행이 닥치면서 내가 가졌던 믿음에도 회의가 생겼다. 우리가 무슨 죄를 지었는가. 혹 전생에 지은 죄로 인하여 이승에서 벌을 받고 있는 것은 아닌가. 이승에서 이렇게 힘들면 다음 생에는 혹시 근심 걱정 없이 살 수 있을까. 별의별 생각이 다 지나갔다. 부정적인 생각과 회복이 불가능하다는 걱정을 하면서 세월을 보냈다. 그러는 중에 올케는 떠났고, 엄마도 암으로 하늘나라로 가시고, 할머니도 이제는 돌아가셨다.

기적이 내 생에 일어났다. 이렇게 살 수는 없다고 생각할 때에 내 인생의 멘토를 만났다. 바로 '한국책 쓰기코칭협회'(이하 '한책협') 김태광 작가를 만난 것이다. 독서를 하다가 만나게 된 김도사는 책 쓰기로 인생 역전한 사람이다. 지금 생각만 해도 가슴이 찡하다. 2018년 12월 9일, 처음 참석한 일일특강에서 5시간 열강하던 모습이 선명하게 떠오른다. 자신의 어둡고 힘들었던 과거를 담담하게 털어놓던 모습, 현재가 당당하기에 과거와 더 대비되는 효과가 있었다. 그의 과거 인생 역전 이야기를 듣는데 이상하게 나의 삶과 대비되었다. '나도 많은 어려움을 겪었는데, 그러면 나도 다시 부활할 수 있지 않을까?' 하는 기대감이 올라왔다. 그래, 저것이 희망이다. 그가 해내었다면 나도 해낼 수 있다.

비법이 궁금했다. 암흑 같은 어둠을 극복하고 밝은 새벽을 맞은 비결이 있을 것이다. 그것을 알아내면 나도 변할 수 있다. 그 방법을 나도 훔치리라. 아니 당당하게 그의 비법을 사리라. 그 자리에서 7주 책 쓰기 과정에 등록하였다. 고가였으나 개의치 않았다. 대학원에 2,000만 원을 가져다 주고도 아무 소용도 없었다. 기획부동산에 1억 5,000만 원을 넣고 나는 빚더미에 앉았다. 동생들에게도 1억 원도 넘게 빌려줬지만 아무 소용이 없었다. 김도사의 성공 비법을 알기만 한다면 비용은 문제가 되지 않을 터였다.

책 속에서 훔친 비밀

드디어 알았다. 책이었다. '헐. 내가 좋아하는 책이라니.' 그는 의식을 높여주는 책을 사랑하고 있었다. 성공자들의 의식을 자신의 의식으로 이식하였던 것이다. 네빌 고다드를 비롯한 동서양 인물들의 책을 다 읽고 자신의 상상의 힘을 믿었다. 자신의 생각이 신의 생각이라는 것을 믿었고, 그 의식대로 실행하였다. 자신이 책을 쓰면서 얻은 경험으로 수강생들을 코칭했다. 밤낮이 없었다. 목숨 걸고 코칭하였다. 신이 현현한 모습이었다. 예수가 나를 위해 생명을 버린 것처럼 그는 수강생을 위하여 자신을 희생하였다. 그가 식사를 하는지, 잠을 자는지 궁금할 정도였다. 수강생들이 과제를 해 보내면 즉각 카페에 글이 올라왔다. 문자나 카톡도 보내기가 무섭게 포스팅되었다.

자신의 사생활이란 없었다. 1년에 3-4번 크루즈 여행을 가는 것이 여행의 전부였다. 수강생들에게 성공자의 모습을 보여주기 위해 가는 것 같았다. 여행을 가서도 잠수를 타는 일은 없었다. 실시간 포스팅과 답변과 격려와 충고가 계속되었다. 그의 목숨 건 코칭으로 사람들은 부활하였다. 인생의 실패로 낙담하고 좌절했던 사람들이 자아를 찾았다.

불행의 원인이 단지 자신의 상상 때문임을 깨달았다. 믿음은 신에 대한 믿음이면서 곧 자신에 대한 믿음이라는 걸 알았다. 신앙생활을 하는 사람들이 대부분 신에 대한 강력한 믿음이 없어서 실패하는 줄 알고 있다. 나는 죄인이기에 신에 대한 강력한 믿음을 가지고 있어야 성공한다고 생각했다. 하지만 죄인인데 어떻게 신을 믿는 믿음의 행위를 한단 말인가. 신을 믿는다는 것은 자신을 믿는 것이다. 자신의 상상이 신이라는 사실을 깨닫는 순간, 내 인생이 달라진 것이다.

그의 말처럼, 아니 나의 상상처럼 원고는 시작한 지 한 달도 안 되어 완성되었다. 내 인생 최대의 기적이었다. 책이 나온 뒤로 나의 꿈, 버킷리스트는 계속 진행되고 있다. 책을 읽은 지인들의 소감이 속속 들어왔다.

"재테크와 독서의 절묘한 조화가 신의 한 수이다."
"나도 책 읽기에 도전하고 싶은 생각이 들었다."

"나도 빚을 갚을 수 있는 용기를 가지게 되었다."

"책을 잘 읽었으니 밥 사주겠다."

더 놀라운 것은 독자들의 소감이었다.

"저에게 용기를 주셔서 감사해요."

"저의 멘토로 삼고 싶습니다."

"마인드맵으로 그렸습니다. 붙여놓고 실천하겠습니다."

"저도 책을 쓰고 싶습니다."

문화센터 강의도 들어왔다. 9월 한 달 무려 11곳의 강의를 하게 되었다. 라디오 방송도 타게 되었다. KBS1 라디오 〈생방송주말저녁〉 '주간책마을' 코너에 나의 책이 소개된다. 7월 중 저자 인터뷰도 잡힐 것이다.

나의 버킷리스트 1번이 이루어진 것이다.

'베스트셀러 작가가 되어 전국으로 강연 다닌다.'

- 04 -

『내가 100억 부자가 된 7가지 비밀』

김태광(김도사), 미다스북스

성공해서 책을 쓰는 것이 아니라, 책을 써야 성공한다.

저자가 이룬 꿈 목록

– 베스트셀러 작가

– 성공학 코치, 강연가

– 900여 명 작가 배출 책 쓰기 코치

– 200여 권의 저서

– 초·중·고등학교 교과서 16권에 글 수록

– 해외 저작권 수출

– 슈퍼 카 페라리, 람보르기니 오너드라이버

– 포르쉐, 벤츠S클라스 등 6대 보유

– JTBC 〈행복플러스〉 출연 및 강연

- 대구 KBS1 〈아침마당〉 출연

- 부동산 30채 보유

- 책 쓰기, 1인 창업 대표 기업 〈한책협〉 대표

- 성남시 분당구에 위치한 〈김도사 수학〉 대표

　책 쓰기 일일특강에서 처음 저자를 보았을 때는 좀 이상해 보였다. 2개월도 안 되어 책을 쓴다거나, 돈에 대한 욕망을 숨김없이 드러내는 모습이 낯설었다. 하지만 성공학 책을 읽고, 그의 강연을 들으면서 나의 생각이 바뀌었다. 솔직하게 욕망하는 것은 결코 나쁜 것이 아니고 다른 사람들에게도 목표를 세울 수 있는 동기가 된다는 생각을 했다.

　김태광 저자는 자기계발서, 성공학 도서를 읽고 실행하여 성공자의 반열에 오른 사람이다. 그는 200권이 넘는 책을 펴낸 '책 쓰기 달인'으로, 100권 정도 책을 썼을 때 단기간에 책쓰는 비법을 터득하였다.

일반인들이 책을 쓸 수 있도록 돕기 위해 〈한국책쓰기1인창업코칭협회〉를 설립하였고 900여 명을 코칭하였다. 그의 비법을 따라 하기만 하면 누구나 1-2개월만에 책을 쓰는 경험을 하게 된다. 나도 10개월 만에 개인 책 2권, 공동 책 2권의 저자가 되었다.

김태광 저자는 성공 비밀을 7가지로 정리하고 있다. 꿈을 향해 직진하다, 담대하게 도전하다. 극한의 순간까지 버티다, 비빌 언덕이 없어서 내가 만든다, 운의 99%를 스스로 쟁취하다, 자신을 믿고, 믿고, 또 믿다, 인생의 초점을 미래에 맞추며 살다.

이 책을 통해 미국이나 일본에 있는 먼 성공자가 아닌, 가까이에 있고 나의 성공을 목숨 걸고 돕는 친근한 성공자를 만나게 될 것이다.

경제적 자유인의 남다른 독서

책을 읽고 '상상'을 알다

하지만 그를 지금의 가장 영향력 있는 강사를 만들게 된 계기는 에티오피아 랍비였던 압둘라를 만나게 되면서부터이다. 일주일 내내 5년 동안 카발라, 성경의 상징적 해석, 히브리어의 비의적 의미 등을 압둘라에게 배운다.

그 기간이 끝나고 미국 전역에 걸쳐 대중을 상대로 강의하기 시작한다. 가장 중심이 된 곳은 로스엔젤레스, 뉴욕, 샌프란시스코였다. 1972년 네빌은 자신의 육체를 떠날 때까지 많은 강연과 책을 남겼고, 그가 행했던 강의들은 지금도 많은 이들에게 큰 영감을 주고 있다.

—『상상의 힘』 작가 소개에서

네빌 고다드의『상상의 힘』의 작가 소개 내용이다. 이 책을 읽고 나서는 갑자기 온 우주가 내게 온 느낌이었다. 네빌의 책들은 내 잠재의식을 깨웠다.『상상의 힘』,『임모틀 맨』,『세상은 당신의 명령을 기다리고 있습니다』,『믿음으로 걸어라』,『네빌 고다드의 부활』 등 10여 권의 책은 내 생각을 바꾸고도 남았다.

나도 중학교 3학년부터 40대까지 30여 년 동안 교회를 다녔다. 신적인 요소가 있기는 있는데 딱히 뭔지는 모르겠고 다니는 내내 혼란스러웠다. 강력한 기도를 해도 무슨 결과가 일어나는 것도 아니고 기적이 일어나지도 않았다. 나를 지켜보는 사람들 때문에 신에 대해 의심할 수도 없었다.

똑똑한 사람들을 보면서 나도 그냥 다녔다. 나보다 똑똑한 사람들이 교회를 다니면서 간절히 기도하니 믿음이 강력해 보였다. 나 자신에 대한 부정적인 생각은 커져갔다. 신은 능력자인데 나만 약자, 죄인같았다. 내가 죄인이니 신의 존재를 확실히 알려주시지 않는다는 생각이 들었다.

그런데 네빌의 책은 나의 생각을 송두리째 바꾸었다. 나의 상상이 신이라고 했다. 설령 조물주이신 신이 있다고 한들, 내 삶에 대해 좌지우지하지 않는다.

왜? 나에게 신성을 이미 주셨으니까. 그 신성은 바로 상상력이고.

'상상력', '의식', '생각', '마인드', '사고' 등은 다 같은 말이다. 어떤 단어를 말할 때 강력한 상이 그려지는가. 상상이라는 단어가 이미지를 잘 그려내고 있다.

이런 사실을 모르기에 인간은 얼마나 많은 부정적인 상상을 하면서 사는지 모른다. 긍정적인 생각과 부정적인 생각은 모두 인간의 전유물이니 내 맘대로 나를 상상한 것이다. 부정적인 생각을 하기만 한 것일 뿐, 그것으로 내 삶이 바뀐다는 것은 한 번도 생각하지 않았다. 그것이 끌어당김이다. 우주에 주문하는 거라는 생각을 했으면 누가 나쁜 생각을 하겠는가.

『일본 최고의 대부호에게 배우는 돈을 부르는 말버릇』, 『2억 빚을 진 내게 우주님이 가르쳐준 운이 풀리는 말버릇 1, 2』. 말버릇에 관한 책도 나의 생각을 많이 바꾸었다. 말은 상상의 표현 방법이다. 상상은 생각이고, 그 생각이 겉으로 표현되는 것이 말이다. 말도 생각처럼 우주에 강력한 주문을 하는 것이다. 내가 무심하게 뱉은 말들은 우주에 보내는 주문이 되어 다시 나에게 돌아온 것이다. 다행히도 주문 즉시 이루어지지 않아서 얼마나 다행인가.

"생각은 자유다!"

"말로는 뭘 못 해!"

그동안 생각과 말을 얼마나 자유롭게 했었는가. 자유라는 말에는 긍정적인 것보다는 부정적인 의미가 더 많이 담겨 있다. 자유로우니 긍정적인 생각과 말을 맘대로 하면 그동안 내 인생이 얼마나 달라졌을까?

"인생이란 그 사람의 말 그 자체이다. 말에서 그 사람의 인생이 태어나는 법이다."

"무엇을 하든 잘 풀리는 사람과 반대로 무엇을 해도 일이 꼬이는 사람의 가장 큰 차이는 '감사'입니다. 보통 사람들은 '좋은 일'이 생길 때만 감사해야 합니다. 그래서 감사하는 횟수가 매우 적습니다. 하지만 '나쁜 일'에도 감사하라고 말하고 싶습니다. 다른 사람에게 속았을 때, 원망하며 우는 소리를 해봐야 지나간 일은 바꿀 수 없는 법입니다. 그런데 매사에 감사하는 사람은 제대로 된 교훈을 얻으니 무슨 일이든 긍정적으로 받아들이게 되고, 일이 착착 진행되어 반드시 성공할 수밖에 없습니다."

"세상에 정말로 성공한 사람이 적은 까닭은 이렇게 모든 일에 감사할 줄 아는 사람이 드물기 때문입니다. 저도 아직 모든 일에 감사함을 느끼는 경지에 이르지 못했지만, 그러한 경지를 목표로 노력하고 있습니다. 여러분도 이제 '감사합니다'라는 말버릇으로 성공의 기회를 끌어당기기 바랍니다. 그리고 기적처럼 멋진 인생을 시작하도록 합시다."

나의 말을 바꾸니 세상이 달라졌다. 내가 사는 곳이 천국으로 변한 것이다.

"천국이 여기 있다. 저기 있다고 하여도 가지 마라. 천국은 너희 안에 있는 것이다."

성경 속 이 말은 말 그대로 받아들이면 되는 것이었다. 천국은 내 속에, 인간관계 속에 있는 것이다. 내 마음이 평화롭고, 내 주위 사람들과 화목하다면 그 곳이 바로 천국이다.

특별한 책은 특별한 생각으로 이끈다

『백만장자 메신저』, 『부의 추월차선』, 『비즈니스 발가벗기기』, 『부자의 사고, 빈자의 사고』는 부에 대한 생각을 바꾸어주는 책들이다. 예전에는 이런 종류의 책들을 쳐다보지도 않았다. 제목이 자극적이고 졸부들이 읽을 것 같은 생각이 들었기 때문이다. 하지만 이 책을 실제 읽어보고 나서는 후회가 되었다. 이런 책을 왜 이제야 읽게 되었는지 안타까웠다.

특히, 『백만장자 메신저』는 누구나 자신의 경험이 메시지가 될 수 있다는 내용이다. 사람들은 모두 경험을 하며 살아간다. 전문 분야든 일상생활이든 수많은 경험을 한다. 크고 작은 경험은 그 분야의 일을 알고 싶어 하는 사람들에게는 큰 도움이 될 수 있다. 이 책을 읽고 난 나의 메시지를 찾기 시작했다. 28년 간의 교사 경험도 있고, 엄마 경험도 했고, 책을 읽고 빚을 갚은 이야기도 있었다. 그중에서 다른 사람들의 관심을 끌 수 있는 것은 무엇일까 생각했다. 다른 사람들이 나의 스토리를 기본적으로 공감할 수 있어야 한다. 그러기 위해서는 빚을 갚은 이야기가 좋겠다는 생각을 했다. 대한민국에서 빚 없이 사는 사람들은 별로 없기 때문이다. 자신의 삶과 비슷한 이야기를 듣게 되면 공감을 하고 동병상련을 느낄 수 있을 것이다. 또한 내가 해결했던 방법이 사람들의 고민을 해결해 주는 방법이 될 수도 있다.

'부자가 되려면 부자의 생각을 훔쳐라.'

부에 관한 책을 읽으면서 깨달은 것이다. 나는 28년 동안 공무원, 그것도 교사 생활을 한 사람이다. 교직은 다른 사람들과 지나친 경쟁을 해도 안 되고, 남다른 아이디어로 눈에 띄는 일을 하는 것도 오히려 좋지 않다. 학교의 시스템은 철저하게 보통의 시스템이다. 교육시스템이라 평균적인 것을 이상적으로 생각한다. 옆 반보다 월등하거나 다른 학급보다 유별나면 다른 사람들한테 더 좋지 않게 보인다. 그러한 고정관념, 틀에 박힌 생각을 깨주는 책들을 만나게 된 것은 행운이다. 부자가 되는 것은 죄의식을 가질 필요도 없는 것이다. 나만의 특별한 생각을 해도 되고, 독특한 삶을 살아도 된다. 가난한 사람들의 사고방식이 아닌 부자의 사고방식을 가지고 살면 되는 것이다.

나는 특별하다. 세상에서 유일한 존재이다. 나의 사고 방식은 나만 할 수 있는 것이다. 그동안 다른 사람들을 의식하며 다른 사람들의 눈높이에 맞추려고 노력해왔지만 이젠 그러지 않을 것이다. 나라는 존재가 우주에서 얼마나 특별한지를 깨달았기에, 이제 나만의 특별한 사고방식과 나만의 독특한 행동 방식으로 살아갈 것이다.

나는 나를 응원한다.

내게 빚 없는 삶을 선물한 독서

"선생님, 저 친구는 고등학교도 못 가요. 공부도 너무 안 해요."
"저래서 어떻게 되려나 몰라요. 지질하게 살겠죠."

나는 그 학생들에게 이렇게 이야기하였다.

"이 친구한테 지금 뭐라고 하지 마라. 지금은 이렇지만 나중에 어떻게
될지 모르는 것이 사람의 일이야. 지금 중학교 동창들을 보면 학교 다닐

때 공부만 잘했던 친구들은 그냥 그렇게 살고 있어. 물론 좀 안정적인 직업, 예를 들면 공무원, 군인, 회사원 같은 직업을 가지고 있지. 그런데 놀라운 일은 공부 못하고 지질했던 친구들이 장사를 하거나 사업을 하면서 더 잘 사는 거야. 그중에 진짜 이상하고 정신없었던 친구가 있는데 사업을 크게 해서 회장님 소리를 들으며 살더라고. 30년 만에 그 친구를 만나고 나서 얼마나 놀랐는지 몰라. 지금 공부 가지고 친구 놀린 것 나중에 크게 후회할 거야."

사실이 그렇다. 몇 년 전 동창들 모임을 갔는데 중학교 때 개구쟁이에, 공부도 못하고 뭐하나 잘하는 게 없었던 친구가 큰 사업을 하고 있다고 했다. 게다가 동창회 올 때마다 통 큰 기부를 하니 동창들 중에는 그 친구가 갑이었다. 그리고 또 놀라운 것은 그때 그 시절 공부도 정말 못하던 남자 동창들이 어엿한 어른이 되어 있는 것이다. 각자 자신의 분야에서 전문가가 되어 가족을 챙기고 지역 사회에 봉사하며 책임감 있게 살아가는 모습이 얼마나 대견한지 모른다.

한심한 사람은 나이다. 초, 중, 고 때 잘나갔고, 40세까지는 그래도 알뜰살뜰 잘 살았다. 어느 순간 인생이 꼬여버리더니 끝없이 꼬여버렸다. 나에게서 돈이 달아나더니 끝없이 달아났다. 대체 그 나락의 끝은 어디란 말인가.

우리나라에서 교사를 보는 시각은 아직 긍정적이라 생각한다. 학교 다닐 때 공부도 열심히 잘했고, 발령을 받아 20년이 넘게 교직 생활을 했다. 사회적으로도 좋은 인상과 평을 받고 있는 직업이다. 직장 동료들과도 잘 지내는 편으로, 단양에 와서도 자주 만나는 동창들과 친하게 지냈다.

그러나 내면은 그렇지 않았다. 남의 말을 너무 쉽게 믿었다. 다른 사람을 도와줄 때도 좀 더 효율적으로 도와야 했다. 그 사람들이 자립할 수 있는 기틀을 마련해주는 방향으로. 하지만 난 그냥 돈을 갖다 퍼붓는 식으로 도와주었다. 그렇게 해서는 그들을 근본적으로 살릴 수 없다는 것을 요즘에야 깨닫는다. '세상에 교사라는 사람이 내 돈 하나 지키지 못하고 가족들도 살리지 못하다니.' 하는 한탄이 나왔다.

2013년, 어느 날 갑자기 내 재산의 민낯을 마주했다. 2억이라는 빚이 나의 자산이었다. 빚의 무게가 온몸을 짓눌렀다. 이렇게 그냥 그날그날을 보내서는 안 되었다. 분명 어딘가에 방법이 있을 거라는 생각이 들었다. 가끔 자산관리사라는 직업에 대해 듣기는 했지만 주위에는 그런 사람이 없었다. 보험도 동생한테 들어놓은 상황이라, 동생한테 나의 상태를 다 까발리기에는 자존심이 상했다.

책을 찾았다. 내가 평소에 보고 도움을 많이 받았던 책이 있었다. 책을 읽을 때 밀려왔던 감동과 깨알 지식이 선명하게 떠올랐다. 책은 내 상황에 대한 해법을 가지고 있을 거란 믿음이 생겼다. 인류가 살아오면서 경험한 모든 문제가 책에 있다. 책에서 방법을 찾지 못한다면 그 문제는 해법이 없는 것이란 생각이 들었다. 엄마가 아프실 때 책을 찾아 읽으며 느꼈던 그 위안과 안도감이 떠올랐다. 분명히 책에는 답이 있을 것이다.

당장 도서관으로 달려갔다. 그곳에서 빚, 대출, 대부 같은 단어를 검색해서 책을 찾았다. 이런 경제 관련 도서는 그간에는 많이 읽지 않았다. 교사라는 직업상 돈과 관련한 말을 하지 않고 책도 읽지 않았다. 우리나라에서 교사는 돈을 초월한 고상한 사람이라는 이미지를 가지고 있다. 나 자신도 그렇게 생각했다. 독서를 할 때도 그런 종류의 책을 읽으려고 하면 어쩐지 비교육적이고 학생들을 바르게 인도하는 것과 거리가 먼 느낌이 들었다.

책을 읽고 나서 바로 실행했다. 성격이 급하기도 하고 좋은 정보는 내 것으로 만들어야 하기에 바로 실천한 것이다. '구슬이 서 말이라도 꿰어야 보배.'라는 속담이 생각났다. 당장 신용카드를 끊었다. 신용카드가 그렇게 나쁜 줄을 몰랐다. 그동안 필요할 때마다 신용카드를 긁어왔다. 그

때마다 '신용카드가 없었으면 어떻게 이런 걸 할 수 있겠어?' 하며 안도의 한숨을 쉬었다. 그런 유용한 카드라고 생각했는데 돌이켜보니 외상이면 소도 잡아먹는다는 걸 알게 되었다.

가계부 쓰기도 했다. 종류도 다양하고 방식도 많았다. 이것저것 써본 뒤, 나에게 가장 잘 맞는 엑셀 양식을 선택했다. 컴퓨터를 잘 다루기도 하고 엑셀은 자동으로 계산을 다 해주어 편리했다. 인터넷 카페에서 다운받은 가계부 양식은 연간 계획과 결산 내역이 한눈에 집계가 된다. 또한 내가 어떤 항목에서 지출을 많이 하는지와 같은 소비 성향을 알 수 있었다. 무조건 절약을 한다고 해도 쓸 곳은 써야 한다. 그래서 가계부를 통해 나의 지출 규모를 알아내고 통제하는 것이 필요했다.

냉장고 파먹기도 실행했다. 냉장고에 얼마나 음식이 많이 쌓여 있는지를 알았다. 요리를 하거나 음식을 먹다가 남은 것들을 냉장고에 넣어놓기만 했는데. 냉장고 문을 열어보니 몇 년은 먹을 수 있는 음식이 가득 있었다. 이참에 냉장고를 다 털어먹어야겠다는 생각을 했다.

월급날이 되면 돈이 나가야 할 곳으로 보내고 남은 돈을 분배했다. 한 달 생활비와 비상금은 CMA계좌로 이체했다. 카드비나 보험료는 가능한 월급날에 맞추어 출금되도록 바꾸었다. 수입 대비 지출 금액이 정해지면 잔액이 나온다. 그 돈은 바로 원리금 상환을 했다. 매월 평균적으로 250만 원 정도 원금을 갚았다. 5년에 1억 5천을 갚은 것이다. 이자를 50만 원 이상 냈으니 매달 300만 원 정도를 빚 갚기에 쓴 것이다. 그간 갚을 생각을 안 하고 써버렸던 월급이 아깝기만 했다.

빚을 갚는 데도 순서가 있다. 이자가 높은 것, 금액이 낮은 순서이다. 나의 경우는 교직원공제회 1건, 공무원연금관리공단 1건, 국민은행 2건이 있었다. 국민은행 대출 중 공무원연금관리공단과 연계되어 있는 생활안정자금이 이율이 가장 낮았다. 나머지 세 건은 대출 금리가 서로 높아졌다 낮아졌다 하면서 달라지고 있었다. 이자가 높은 곳의 대출을 먼저 갚아나갔다.

국민은행 같은 경우는 금리 변동이 많았다. 대출 금리 변동 상황을 매달 체크를 했다. 금리가 낮아지면 기존 받았던 대출을 갚고 새롭게 대출받는 형식으로 갱신했다. 그러면 얼마간의 이자가 낮아졌다. 금리가 낮아질 때 대출을 갱신하면 이자가 2% 이상 낮아지기도 했다. 원금 5,000만 원인 경우, 연 100만원의 이자를 아낄 수 있었다. 5년이면 500만 원의 이자 지출을 막을 수 있었다.

『재테크 독서로 월 100만 원 모으는 비법』이 출간되자 독자들의 연락을 많이 받았다. 안타까운 사연들이 많았다. 가까운 지인부터 전혀 모르는 독자들까지 수십 명은 족히 되었다. 대출 상황을 질문해보면 여기 조금,

저기 조금 하는 식의 빚이 많다. 특히 보험약관대출이나 마이너스 통장 대출은 이자가 높은 데도 별 부담 없이 대출을 받아 쓰고 있었다. 필요하면 카드론도 쓰고, 마음이 급하면 2금융권, 3금융권으로 넓혀간다. 그런데 3금융권, 즉 저축은행이나 대부업체로 손을 빌리는 순간 나의 신용도는 급격히 떨어진다. 현금서비스나 카드론도 마찬가지다. 평소 신용 관리를 잘하고 있어야 한다. 나중에 착한 대출을 통해 재테크를 하고 싶을 때 적절히 이용할 수 있기 때문이다.

"세상에 해답 없는 문제는 없다."

수학 시간에 많이 듣던 이 말은 인생에도 해당이 된다. 도대체 내 인생이 왜 이렇게 꼬였냐며, 해답이 없어서 힘들어하는 사람들이 많다. 그러나 해답은 있다. 그리고 그 비법은 주로 책에 있다. 책 속에서 인생 문제, 특히 빚 문제에 대한 해답을 찾아 빚 걱정 없는 인생을 살아야 한다. 빚 없이 사는 삶이 얼마나 해방감을 주는지 맛보아야 한다.

독서로 돈 벌고 부자가 된다고?

책으로 돈을 번다고?

"가난한 사람은 책으로 부자가 되고, 부자는 독서로 귀하게 된다."

송나라 왕안석의 명언이다. 이 말을 들었을 때 온몸에 소름이 돋았다. 독서의 효과를 이렇게 확실하게 드러낼 수 있는 말이 있을까. 책을 읽어도 읽어도 부자가 되기는커녕 점점 더 가난해지는 시기에 이 말을 보았다. 이 말에서 한 줄기 빛을 보았다. 칠흑같이 어두운 밤에 하늘에서 한 줄기 빛이 내려온 듯한 느낌이었다.

어떤 이는 책과 부를 연결시키는 것을 저급한 것으로 여기기도 한다. 고상한 책과 저급한 돈이 연결되지 않는다고 생각하는 것이다. 사람들의 이분법적인 편견이 이런 생각의 결과를 가져왔다. 보통 책은 고상하고 고귀하다고 생각한다. 책이나 독서라는 단어를 생각할 때 떠오르는 이미지를 떠올려 보면 선비나 학자나 교수 같은 것이다. 반면에 돈이라는 단어의 이미지는 악덕사업가, 고리대금업자, 다른 사람을 이용해서 돈을 버는 사람 같은 것이다. 부자들 가운데 약자를 괴롭히고 착취를 통해 자신의 배만 불리는 사람들이 있어서 그런 이미지가 만들어진 것이리라.

"하버드 졸업장보다 소중한 것이 독서하는 습관이다."
"오늘날의 나를 만들어준 것은 조국도 아니고 어머니도 아니다. 단지 내가 태어난 작은 마을의 초라한 도서관이다."

빌 게이츠가 한 이 말은 너무나 유명하다. 그는 세계 최고의 갑부가 된 비결을 알려달라는 질문을 받았을 때 이렇게 답했다. 그는 어린 시절 동네 작은 도서관을 자주 가면서 그곳의 책을 다 읽었다고 했다. 책을 읽으면서 그의 두뇌는 방대한 지식 창고이자 창의성의 보고가 되었다. 매년 50권 이상의 책을 읽고, 1년에 두 차례 'Think Week(생각 주간)'을 가지며 그 기간 동안에는 휴대폰, 컴퓨터도 없이 직원들이나 가족의 방해도 받지 않는다.

그는 '독서 대통령'으로 불린다. 세계 최고의 부자이면서 독서광이다. 아이러니한 것은 세계에서 가장 유명한 컴퓨터 천재 중 한 사람인 그가 권장하는 독서 방법이 e-북이 아니라 종이책이라는 사실이다. 빈틈과 여백에 마음대로 메모를 할 수 있기 때문에 종이책을 강조한다. 그의 홈페이지 이름은 게이츠 노트(gatesnotes.com)이다.

그는 기부 천사로 유명하다. 빌 게이츠와 그의 아내가 만든 기부재단은 아프리카에서 질병을 몰아내기 위해 세워졌다고 한다. 워런 버핏도 자신의 재산을 뚝 떼어 빌의 재단에 기부했다. 그의 기부 마인드에 영향을 준 책은 『내 본성의 선한 천사』이다. 이 책은 인류 역사에서 폭력은 감소해왔다는 실증적인 보고서이다. 스승의 체벌이든, 나라 간 전쟁이든, 우리의 편견을 깨는 내용이다. 빌 게이츠는 자신의 재산 절반이 넘게 사회에 기부를 했다. 하루에 50억씩 20년을 매일 기부해야 가능한 돈을 기부했다는 것이다.

그는 『내 본성의 선한 천사』를 읽고 자신의 기부에 대한 확신을 더 강하게 가지게 되었다고 한다. 시사주간지 〈타임〉 인터뷰에서 '나를 바꾼 책' 1위에 그 책을 올리기도 했다. 그는 자신의 성공에 독서가 '절대적으로' 기여했다고 했다. 책을 읽는 동안에는 청춘이기에 책을 읽는다고도 했다. 즉 책을 읽는 동안은 늙지 않는다는 것이다. 또 모든 책이 무언가를 가르쳐준다고 말한다.

"책을 읽어도 기억이 나지 않고 정작 써먹으려고 해도 기억조차 나지 않는 이유는 조각난 상태로 받아들이기 때문이다. 암기해야 하는 무작위 정보 리스트와 마찬가지라면 한쪽 귀로 들어와 한쪽 귀로 흘러가버리게 된다. 결국 지금 내가 왜 배워야 하는지를 아는 것이 중요하다."

빌 게이츠는 1주일에 1권씩 읽는 다독가이다. 하지만 무조건 읽는 게 중요한 게 아니라 독서의 기술이 필요하다고 한다.

삼성의 이건희 회장도 1달에 평균 20권의 책을 읽었다고 한다. 국내 최대 기업의 회장이 사흘에 2권씩 독서를 했다는 것은 엄청난 양이다. 하루 중 몇 시간이나 책 읽을 시간이 있었을까. 잠자는 시간을 줄이거나, 틈새 독서를 하거나, 속독을 하면서 그 책들을 읽을 것이다. 그 결과 삼성이라는 거대 기업을 든든하게 성장시킬 수 있었던 것이다.

"사람은 2가지를 통해 배운다. 하나는 사람을 통해서, 다른 하나는 책을 통해서다."

월 로저스의 말이다. 부자들은 사람과 책을 통해 배운다는 것이다. 사람을 통해 배운다는 말은 수긍하기가 쉽다. 새로운 일을 하거나 어려운 일을 할 때 그 분야의 전문가를 멘토로 삼고 성장하는 경우가 많기 때문이다. 자신만의 방법으로 성공하는 예는 거의 없다. 멘토처럼 중요한 것이 책이다. 책은 최고의 멘토이다. 시간과 공간을 초월하기 때문이다. 1,000년이 지난 고전들도 현재를 살아가는 우리에게 영향을 준다. 우리 삶을 송두리째 바꿔버린다.

책으로 부자가 된다

"나는 여전히 하루에 5-6시간은 독서한다."

워런 버핏의 말이다. 그는 컬럼비아 대학 강연에서도 "매일 500페이지씩 읽으라."라고 말했고, 높이 쌓인 보고서와 논문 더미를 보며 "이것이 지식이 효력을 발휘하는 방식인데 지식은 복리처럼 쌓인다."라고 했다.

워런 버핏은 빌 게이츠와 세계 갑부 순위를 다투는 사람이다. 그는 어린 시절을 아버지가 사업을 실패하는 바람에 가난하게 보냈다. 더 이상 가난하게 살기 싫어 초등학교 시절부터 돈 벌 방법을 찾았다고 한다. 친구들에게 콜라를 팔기도 하고 잔디 깎기나 세차 아르바이트를 하기도 했다. 아르바이트를 하면서 친구들을 고용했던 일화는 그의 사업가 마인드를 보여주는 예이다. 그와 빌 게이츠의 공통점 중에 하나는 기부이다. 그는 재산을 사회에 환원하고 싶어 방법을 찾다가 빌의 재단을 찾았다. 자신이 재단을 만들 수도 있었지만 이미 확실하게 기부할 수 있는 시스템이 있는데 자신이 또 만든다는 것은 비효율적이라 생각했다. 그래서 선뜻 빌의 재단에 자신의 재산을 절반 이상 떼어 기부를 한 것이다.

이러한 기부 의식도 책에서 나온 것이다. 세계 최고를 다투는 부자들이 기부 액수로 경쟁하는 것은 참으로 아름답다. 그들은 사람들이 부자들에 대해 가지고 있던 부정적인 고정관념을 깨주는 계기가 되어주었다.

'선한 부자'
빌 게이츠와 워렌 버핏을 생각하면 떠오르는 이미지다. 돈을 벌기만 하고 쓰지 않는다면 사람들이 부자에 대해 나쁘게 생각할 것이다. 그러나 그들은 부자가 되어 돈을 버는 것을 아름답게 만들어주었다. 그들이 부자가 된 비법도 책이고, 부자가 되어야 하는 이유를 알려준 것도 책이다.

책을 읽으면 부자가 된다. 독서로 부자가 되어 세상을 아름답게 만들어 가야 한다.

- 05 -

『백만장자 메신저』

브랜든 버처드, 리더스북

당신이 살아온 이야기, 알고 있는 지식, 전달하고자 하는 메시지는 생각보다 훨씬 더 가치 있다. 사람들은 당신의 경험을 통해 간접체험과 교훈을 얻기 때문이다.

당신은 세상을 변화시키기 위해 태어났다. 세상을 변화시키는 가장 좋은 방법은 자신의 지식과 경험(어떤 주제에 대한 것이든)을 이용해 다른 사람들이 성공하도록 돕는 것이다.

결론적으로 당신은 사람들이 성공하도록 조언하고 관련 정보를 제공해 대가를 받을 수 있으며 이렇게 함으로써 스스로의 성장과 먹고사는 문제, 2가지를 모두 해결할 수 있다. 즉 의미 있는 삶과 물질적인 만족을 동시에 얻을 수 있다.

나의 인생에 터닝포인트를 제공한 책이다. 30여 년을 직장인, 공무원, 교사라는 틀 안에서 살았기에 항상 노후가 불안하였다. 독서지도사 자격증을 주는 연수에서 한 선생님을 만난 적이 있다. 그녀는 국어교사 35년 정도 했으니 명예퇴직을 하고 다른 일을 하고 싶다고 했다. 그러나 자신의 경력을 이력으로 받아주는 곳이 없어 독서지도사 자격증을 따러 왔다고 했다. 나는 그 선생님 생각이 나면서 나의 경험과 지식을 활용할 방법을 찾던 중 책 쓰기 과정을 발견했다. 특히 내 삶에서 가장 힘들었던 고난과 시련이 가장 귀중한 경험이라는 것을 알게 되었다. 재테크 독서라는 독특한 분야에서 나의 경험을 살려 힘들어하는 사람들에게 용기와 희망을 주는 사람이 되고 싶다.

독서 없이 재테크는 불가능하다

유튜브에도 지식이 많은데

요즘 종이책을 읽는 사람들이 줄어든다고 한다. 도시마다 있는 지역 서점은 폐업하거나 축소되고 있다. 내가 있는 지역에도 오래된 서점이 있는데 얼마 전 규모가 줄었다. 혹 경영에 어려움을 겪어서인가 하는 걱정이 들기도 했다.

책보다는 다른 매체들이 전성기를 이루고 있다. 그중 스마트폰이 사람들의 손에 들려진 후 사람들은 책을 보는 것을 더 멀리하기 시작했다. 집에 와야만 볼 수 있었던 TV를 이젠 사람마다 손안에서 볼 수 있으니 얼마나 편리한지 모른다. 책상 위에 앉아야만 볼 수 있었던 컴퓨터 대신 손안에 있는 스마트폰 속에서 인터넷이 빠르게 돌아간다. 굳이 불편한 데스크탑 컴퓨터를 볼 일이 없다.

나도 요즘 스마트폰으로 유튜브를 즐겨 보고 있다. 포노사피엔스(스마트폰 인간)로 사는 것 중 가장 좋은 것이 유튜브 시청이다. 내가 원하는 정보를 바로 검색해서 동영상으로 재생할 수 있다는 것이 신기하다. 내가 좋아하고 즐겨 찾는 콘텐츠 영상을 찾으면 '구독' 버튼을 누르고 '좋아요'를 누르며 댓글을 단다. 짧게는 5분에서 길게는 1시간이 넘는 영상을 보면서 때론 웃고 때론 감동을 받는다.

하지만 좀 이상한 점이 있다. 영상을 보면 볼수록, 인터넷 검색을 많이 할수록 무언가 불완전한 지식이라는 생각이 든다. 완벽하게 내 것이 아닌 반쪽짜리 지식이나 지혜 같다는 생각이 드는 것이다. 쉽고 재밌는 내용으로 가득 차 있는 것들을 보면서 부족함을 느끼는 것은 무엇 때문일까. '포노사피엔스'니 '디지털노마드'니 해도 사람들이 종이책을 찾는 것은 이유가 있을 것이다.

종이책을 찾는 이유

종이책 독서는 종합적인 사고 과정이다. 카메라로 뇌파의 움직임을 찍었을 때 그 차이점을 확실히 알 수 있다. 시청각은 주로 우뇌를 자극한다. 유튜브 같은 동영상이나 그림 같은 시각적인 자료를 많이 보면 인상적으로 기억할 수 있다. 그러나 오래 기억하기가 쉽지 않다. 또 창의적인 사고도 향상되기 어렵다.

책을 읽으면 전체적인 뇌가 움직인다. 뇌 기능이 전반적으로 발달하여 기억도 오래 가고 창의력도 더 많이 생기는 것이다. 정보를 얻고자 할 때 동영상보다 책을 읽어야 하는 이유이다. 영상을 통해 알게 된 지식은 다시 떠올리려고 하면 도통 기억이 나지 않는다. 분명히 영상을 볼 때는 재미있고 감동적이고 기억이 잘 날 것 같았는데 회상을 하려고 하면 생각이 백지가 된다. 마치 기억이 하나도 안 나는 블랙아웃처럼.

같은 내용에 대해 책을 읽으면 기억이 잘 된다. 그 이유가 뭘까? 책으로 읽을 때는 장시간이 필요하기 때문이라는 생각이 든다. 300페이지 분량의 책을 읽는다고 하면 보통 3시간에서 6시간까지는 걸린다. 사람마다 속도의 차이가 있기에 획일적으로 몇 시간이 걸린다고 할 수는 없다.

평균 5시간 정도 걸린다고 보자. 같은 주제에 대해 5시간을 계속 정신

교육을 받는 것이다. 쉽게 말하면 5시간이라는 긴 시간 동안 의식 교육을 받는 것이다. 이 생각을 처음 했을 때 온몸에 소름이 돋았다. 어떤 내용이든 같은 주제로 5시간이라는 긴 시간 교육을 받는다고 생각해보라. 만약 어떤 사람이 5시간 직강으로 나에게만 계속 직접 강의를 한다면 얼마나 힘들까. 하지만 책은 5시간, 아니 10시간을 내내 읽어도 행복하고 감동적인 시간이 된다. 읽는 사람의 의식이 완전히 바뀔 수 있다. 한 번만 설명하고 넘어가는 동영상과 5시간 내내 교육을 해주는 책을 읽는다고 했을 때 그 효과는 더 이상 말할 필요가 없다.

내가 2억 빚을 갚기 위해 찾은 방법은 독서였다. 빚을 갚기 위해 읽은 책도 책이었다. 재테크를 위해 읽은 것도 책이었다. 독서 없이 재테크를 하는 것은 불가능하다.

나의 첫 개인 책이 나오고 나서 독자들로부터 연락을 많이 받았다. 빚이 있는데 어떻게 갚을 수 있느냐는 문자나 전화가 대부분이다. 책이 나오기 전까지는 과연 내 책을 읽고 독자들이 전화를 할까 궁금했다. 전화번호를 책에 넣으면서도 연락이 얼마나 올까 하는 기대와 별로 안 올지도 모른다는 회의감에 시간을 보냈다. 그런데 독자들에게 전화가 온 것이다. 지인들과 독자들을 합치면 50여 명은 족히 되는 숫자이다. 나의 경험으로 다른 사람을 도와주라는 과제를 받은 느낌이었다.

책을 읽고 새 직업을 찾다

이런 상황을 해결할 수 있는 직업이 떠올랐다. 자산 관리사나 재무설계사이다. 보험회사에서 보험 영업을 하면서 고객들의 자산을 관리해주고 자산과 대출, 보험 등의 자산을 관리해주는 사람이 그들이다. 자산 관리사로 성공한 사람 중에는 유수진 작가가 있다. 그의 책 『부자 언니 부자 특강』을 읽었다.

그녀는 꿈 많던 20대에 유학을 꿈꾸었으나 가정 형편이 어려워져 유학은 불발되고, 대학도 못 가는 상황이 되었다. 힘들고 어려운 상황에 좌절하지 않고 취업하여 상황을 이겨내고자 하였다. 그는 자신의 능력대로 인정받을 수 있는 보험회사에 입사하여 자산 관리사의 길을 걷는다. 특히 자신과 같은 연령층인 20-30대 여자 고객들만 자산 관리 대상으로 삼는다. 동병상련으로 자신의 처지와 비슷한 여성들이기에 충분히 관리가 가능했기 때문일 것이다.

요즘 20대는 대학에서 사회에 나올 때 학자금 대출을 안고 나온다. 취직하기도 힘들어 아르바이트 같은 임시직으로 살아가는 사람도 많다. 생애 첫 사회 출발을 하면서 월급을 받아 학자금 대출을 갚고 나면 실제로 쓸 수 있는 돈은 얼마 남지 않는다. 결혼이나 출산은 꿈도 꾸지 못하는 상황이 되었다. 소비를 권하는 사회이다. 휴대폰이나 인터넷, TV 사용료로 20만 원 정도가 넘게 빠져나간다.

먹거리는 얼마나 센가. 이 세대의 특징이 먹는 것을 최우선으로 여긴다. 우리 세대는 식당을 가면 한 끼 당 얼마인가를 따지고 먹었다. 한 끼에 만 원이 넘으면 과소비라 생각을 했다. 하지만 젊은 세대는 먹는 것에 비용을 아끼지 않는다. 욜로도 이들이 먼저 외쳤다. 우리 집에서 딸들이 떡볶이를 배달하여 먹는데 2만 원 정도 하는 것을 보고 깜짝 놀란 적이 있다. 떡볶이 1인분에 천 원, 이천 원 하던 나의 경험을 떠올리며 쓴웃음을 지었다.

그런 사람들이 몇 시간의 강의나 유튜브 시청으로 바뀔 수 있을까. 쉽지 않다고 본다. 영상 시청이나 세미나로는 사람들의 뼛속 깊이 새겨져 있는 소비 지향성을 바꾸기 어렵다. 좋은 말도 자꾸 하면 잔소리가 되는 것이다. 유수진 강사는 자신이 자산을 관리해주고 있는 사람들이 1,000명이 넘는다고 한다. 그들을 하루에 한 명씩 만난다면 3년이 걸린다. 1년에 한 번이라도 만나려면 하루에 3명씩 만나야 한다.

그들이 스스로 바뀔 수 있는 시스템이 무얼까. 바로 책이다. 1,000명의 사람들이 책을 읽는다면 스스로 자립할 수 있지 않겠는가. 자산 관리나 재테크에 관한 책들이 많다. 관련 책을 10여 권 이상 읽는다면 그들이 스스로 자신의 재산을 관리할 수 있는 능력을 갖추게 된다. 재테크에 대한 지식을 아무리 전달하려고 해도 상대방의 마인드가 갖춰져 있지 않다면 제대로 될 수 없다. 하지만 독서를 하면서 관련 정보를 깊이 있게 분석하고 내면화시키면 재테크 전문가가 될 수 있다.

독서는 재테크도 즐겁게 해주는 강력한 무기이다.

책 속 부자들의 비밀을 훔쳐라

책 속에서 부자를 만나다

"독일의 학자 오스트발트(독일의 물리화학자, 1909년 노벨 화학상 수상)는 일찍이 '위인이나 성공한 사람들의 공통점은 무엇인가'를 조사하여 2가지 공통점을 발견했다. 첫 번째는 긍정적으로 생각하는 일이고, 두 번째는 독서였다. 독서가 위인이나 성공한 사람들의 공통 조건이라는 사실을 밝혀낸 것이다."

–시미즈 가쓰요시 외 『성공한 사람들의 독서습관』 중에서

독서를 하면 모두 부자가 되는가? 부자들은 모두 독서를 하는가? 물론 이 문장에서 '모두'라는 단어는 오해를 불러일으키기 쉬운 말이다. '모든 규칙에는 예외가 있다.'는 말처럼 '모두'라는 말은 오류일 가능성이 크다. 그러나 부자들의 성공 비결에서 가장 공통점이 큰 요소가 독서라는 것은 부인할 수 없다. 그렇다면 책을 읽으면 어떻게 부자가 될까.

책을 읽으면 그 속에서 부자들의 방법을 훔칠 수 있다. '부'와 '부자'에 관한 책들은 정말 많다. 책 속에는 부자 되는 방법이 다 있다. 부자들이 쓴 책을 읽으면 그들의 사고방식을 따라 할 수 있다. 부자들은 일단 생각이 다르다. 그들의 생각은 긍정적이고 적극적이다.

스노우폭스 대표인 김승호 회장의 좌우명은 '일체유심조(一切唯心造)'이다. 그의 책 『생각의 비밀』에 보면 나온다. 김 회장은 평소 '모든 것은 마음이 만든다.'라는 소신을 가지고 있다. 그가 했던 방법 중에 '소원을 100번씩 100일 동안 쓰기'가 있다. 자신의 배우자와 결혼하기 전에 그렇게 했더니 소원이 이루어졌다는 것이다. 이후로도 이 방법을 사용하여 많은 꿈을 이루어냈다고 한다. 요즘 사람들은 소원 쓰기를 많이 하고 있다. 100번 쓰기가 어려우면 10번씩 100일 쓰기도 하고, 3개의 소원을 3번씩 100일 동안 쓰기도 한다.

많은 사람이 성공한 그에게 부탁하는 메일을 보냈다.

"회장님 좋은 매장 하나만 어떻게 좀⋯."

하지만 특이한 내용으로 부탁한 사람도 있었다.

"회장님의 사업 방식을 배우고 싶어요."

『파리에서 도시락을 파는 여자』의 저자 켈리 최였다. 그녀는 자신의 전 재산, 대출받은 돈, 아는 사람들에게 투자를 받아 진행한 사업이 쫄딱 망했다. 거액의 빚을 지고 죽으려고 하기까지 했다. 오랫동안 재기할 사업을 찾고 찾다가 그녀는 부자에게 길을 물었다. 김승호 회장에게 이런 내용으로 편지를 보낸 것이다.

김승호 회장은 흔쾌히 이 요청을 받아들였다. 좋은 매장을 하나 달라는 요청과 사업 방식을 배우고 싶다는 요청 중 그는 후자를 선택했다. 그녀에게 자신의 사업 노하우를 다 알려주었다. 그녀는 파리의 전국 까르푸 매장에서 도시락을 파는 사업으로 멋지게 재기하였다. 김승호 회장은 이렇게 말한다.

"성공한 사람들에게 당당히 요청하는 것을 의외로 힘들어한다. 그러나 구하고 도전하는 사람들이 기회를 차지하고, 결국 성공한다."

요즘 그는 사장들을 가르치는 '사장학교'를 운영하고 있다. 본질적으로 배울 사람이 없는 사장들은 실패해도 누구에게 물을 수도 없다. 성공한 사람들은 자신의 노하우를 다른 사람들에게 잘 가르쳐주지 않는다. 그런 상황을 안타깝게 여긴 김 회장은 다른 사람들에게 자신의 노하우를 모두 알려주고 있다.

"원래 성공 비결은 좀처럼 남에게 가르쳐주지 않아요. 그런데 뜻밖에도 성공한 사람이 어떻게 하면 사람들이 쉽게 알아들을까 생각하며 열심히 고생고생해서 쓴 것이 책이란 말입니다."

—사이토 히토리, 『부자의 운』 중에서

일본의 대부호인 사이토 히토리 씨는 긴자마루칸이라는 건강식품 회사를 운영하고 있다. 10여 년간 일본 개인납세자 1위를 차지하고 있다. 그는 자신의 성공 비결을 책으로 썼다. 직접 가르치는 것보다 책으로 쓰면 더 많은 사람들에게 영향력을 미칠 수 있기 때문이다. 그의 영향을 받아 제자들도 사업에서 다들 성공하였다. 그의 『부자의 운』, 『부자의 행동습관』, 『부자의 인간관계』 등 20여 권의 책이 번역되어 있다.

그에게는 많은 사람이 찾아온다. '장사를 잘하는 비결이나 부자가 되는 방법을 알려달라. 자신의 문제에 대한 해결책을 얻고 싶다'와 같은 문제를 들고 온다. 그의 대답은 단순했다.

"책을 많이 읽어라."

"저는 제 일밖에 모릅니다. 사업이라는 건 책방이며, 카바레며, 낙지 구이 전문점이며, 종류가 굉장히 많지 않습니까? 자신이 하는 일을 다른 사람에게 물어서는 곤란합니다. 그 자체가 벌써 이상한 이야기지요. 자신의 일을 똑바로 하기 위해서라도 그에 관한 책을 1권 읽으세요."

그는 자신을 따르는 제자들 10여 명과 모임을 꾸준히 하고 있다. 제자들은 그의 성공 비결을 그대로 실천하여 다들 사업에 성공하였다. 평범한 주부거나 사업에 실패한 사람들이 사이토 히토리 씨를 만나 성공한 것이다.

올해 3, 4월 나는 수업 전 10분씩 학생들에게 책을 읽어주었다. 첫 책은 미야모또 마유미의 『일본의 대부호에게 배우는 돈을 부르는 말버릇』이었다. 하루 2꼭지씩 읽어주는데 학생들의 반응이 뜨거웠다. 하루에 2꼭지 정도 읽어주었더니 2개월 만에 1권이 끝나버렸다. 시간이 지나면서 학생들의 표정은 부드러워지고 웃음이 솟아났다. 때로 다시 과거의 말버릇으로 돌아가는 학생들도 있기는 했다. 하지만 변화하는 학생들을 보면서 말버릇의 중요성을 내가 더 확신하게 되었다.

학생들도 책을 통해 부자의 습관이 말이라는 걸 깨닫게 되었다. 앞으로도 그들은 자신의 말투를 고쳐나갈 것이다. 나아가 부자가 되려면 책을 읽어야 한다는 단순한 사실을 깨달았을 것이다.

나도 책을 읽어주면서 나의 말버릇을 되돌아보게 되었다. 학생들을 가르치는 직업이다 보니 학생들에게 지적질하는 습관이 있다. 그 습관은 때로 다른 사람들을 만날 때에도 새어 나온다. 직업이 교사이니까 그렇다는 말도 가끔 듣는다. 이 책을 읽고 나의 말버릇을 고치고 있다. 특히 학생들이나 조카들에게 말을 할 때 긍정적인 말투를 사용하려고 노력하고 있다. 이제 나의 말을 안 듣는 남동생에게도 긍정 마인드로 말하며 자신감을 불어넣어주려고 한다.

이것이 우리가 책을 읽어야 할 이유이다. 사람들은 저마다 자기의 일을 하며 자기만의 방법을 사용하고 자신만의 문제를 안고 살아간다. 그 해결책을 특정 사람에게 물으면 그가 신이 아닌 이상 해결해줄 수 없다. 그러나 방법이 있다. 너무 손쉬운 방법이라 사람들은 지나치는 것뿐이다.

책이다. 부자가 되고 싶다면 책을 읽어라.

08

매달 300만 원 버는 독서의 비밀

독서에도 순서가 있다

독서로 매월 300만 원을 벌 수 있다!

사실이냐고? 사실이다. 빚을 갚을 때보다 돈을 모을 때는 더 쉽다. 왜? 이자가 나가는 게 아니라 들어오니까. 매월 300만 원을 모으면 1년이면 3,600만 원이다. 그 돈을 3년만 모으면 1억이 넘는다. 대출 레버리지를 좀 활용하면 부동산에도 투자할 수 있는 자금이 된다.

독서 재테크로 매월 300만 원을 벌기 위해서는 실천해야 할 것들이 있다. 재테크와 관련된 책을 읽는 것이다. 독서의 중요성은 사람들이 다 알고 있다. '하루라도 책을 읽지 않으면 입안에 가시가 돋는다.'라는 말처럼 사람들은 책을 읽어야 한다는 의무감을 가지고 있다. 그런데 책을 읽으려면 무슨 책을 읽어야 하느냐가 고민이다. 단순하다. 돈을 벌려면 재테크와 관련한 책을 읽어야 한다.

재테크 관련한 책은 어떤 것이 있는가? 최우선으로 읽어야 할 책은 의식 관련 도서이다. 의식 관련 도서란 인간의 생각, 의식, 상상력이 얼마나 큰 힘이 있는지를 설명한 책들이다. 자기계발서의 부류에 있는 이 책들은 사람들에게 일생일대의 영향을 미친다. 나도 이런 종류의 책들을 읽고 상상력이 사람을 얼마나 크게 변화시키느냐를 깨닫게 되었다. 예전에도 이런 책들을 읽기는 했지만 그냥 구경만 한 독서였다. '아, 그렇구나. 생각이 중요하네.' 하고 지나쳤다. 그것이 얼마나 후회되는지 모른다.

작년 12월부터 읽은 의식 책은 여러 권이 있다. 그중 최고 영향을 많이 준 책은 『상상의 힘』이다. 저자는 형이상학자 네빌 고다드이다. 그는 이 책에서 상상력을 통해 원하는 것을 성취하는 방법, 더 깊은 내면의 자아를 알 수 있게 설명하며 그 길을 제시해주었다. 그는 단순한 강연가이기보다는 법칙을 충만하게 사용하는 실천가였고, 그 실천의 깊이만큼 자세하고 효과적으로 자신의 지식을 이용해 삶을 충만하게 하는 방법을 가르쳤다. 이 책 이외에도『임모틀맨』,『네빌 고다드 5일간의 강의』등 여러 권이 있는데 모두 상상력의 힘에 대해 강연하고 실제 일어났던 일들을 기록한 책이다.

이 책을 읽으면서 내가 그동안 부정적인 자기최면에 빠져 있었다는 걸 알게 되었다. 나의 과거 경험으로 자신감이 없고, 밝은 미래가 오지 않을지도 모른다는 불안한 마음을 가지고 있었다는 것을 깨달았다. 그럴 필요가 없었는데 말이다. 필요도 없고 그래서는 안 되었다. 내가 나의 가능성을 믿지 못하는데 어찌 남들이 나를 믿어주고, 내가 그것을 해낼 수 있다는 말인가. 책을 다 읽은 후에는 나 자신에 대해 온전히 긍정하는 마음을 가지고 살고 있다. 단 6개월이지만 작가로서, 강연가로서의 길을 갈 수 있게 된 것은 바로 이 책의 힘이다.

둘째, 부와 돈에 관련된 책을 읽는다.『돈』,『부의 추월차선』,『백만장자 시크릿』,『부자의 사고 빈자의 사고』,『비즈니스 발가벗기기』등 그 종류는 많다. 이런 책들은 돈과 부에 대해 가져야 할 올바른 마인드를 갖게 해준다. 돈은 사람이 살아가는 데 필요한 것들을 구할 수 있는 도구이다. 돈 자체는 잘잘못이 없다. 돈을 버는 행위도 마땅히 해야 하는 것이다. 돈을 많이 벌어서 생존에 필요한 것들을 구하고, 원하는 삶을 살 수 있으면 된다. 또 나누고 베풀면서 타자 공헌을 실천하면 인생이 얼마나 멋진가. 그러니 돈에 대한 죄책감을 갖지 말라. 정당하고 효율적인 방법으로 많이 버는 것이 중요하다.

셋째, 빚이 있다면 빚 갚은 방법을 알려주는 책을 읽어야 한다. 빚이 있는데도 이전의 소비 습관을 버리지 못하는 사람들이 있다. 또 각종 보험이나 연금, 장기저축과 적금을 들고 있는 사람들이 있다. 빚 갚는 책을 보면 그런 방법들이 다 나와 있다. 지금은 절판되어 도서관이나 중고서점에서 구할 수 있는 『절박할 때 시작하는 돈 관리 비법』과, 김미진의 『왕의 재정』을 권한다. 이외에도 '빚'이 들어간 책이 많이 있다.

넷째, 돈 모으는 비법을 알려주는 재테크 책을 권한다. 『6개월에 천만 원 모으기』, 『4개의 통장』, 『월급쟁이 재테크 상식사전』 등이 있다. 먼저 예적금을 알려주는 책들을 읽으라. 예적금은 은행에 가면 바로 알려주니 읽지 않아도 된다고 생각하지만 전반적인 내용을 이해하려면 읽을 필요가 있다. 어느 은행을 선택해야 하는지, 이자율은 어떤 차이가 있는지도 알아야 한다. 특히 직장 초년생이거나 재테크 초보자인 경우에는 이런 책을 기본서로 읽는 게 좋다.

독서로 재테크 지수를 높였다면 실전도 가능하다. 부동산과 주식 투자도 책으로 가능하다. 투자에 관한 책은 이미 많이 나와 있다.

부동산 투자는 재테크의 꽃이다. 대한민국에서 평범한 직장인이나 주부들 가운데 부동산 투자를 하지 않고 예금이나 적금으로 부자가 된 사람은 드물다. 절약을 하는 사람들은 수입 대비 지출이 적기에 꾸준하게 저축하여 돈을 모으기는 하지만 큰돈 모으기는 어렵다. 부동산 투자는 우리나라에서 부자로 가는 추월차선에 올라타는 것으로 인정을 받았다.

부동산은 그 종류가 다양하다. 일단 자신이 살아야 할 아파트를 살 때부터 재테크 마인드로 접근해야 한다. 부동산은 규모가 크고 금액이 많이 투자되고 사고파는 기간도 길게 필요하다. 처음 살 때 책을 통해 제대로 공부하고 최적의 투자를 한다면 큰 효과를 볼 수 있다. 경매 공부도 필수이다. 경매는 잘만 고르면 물건을 현 시세보다 저렴하게 살 수 있고 투자 효과도 높다. 단, 경매에는 따져봐야 할 상황이 많고 절차도 복잡하기에 꼭 공부하고 시작해야 한다.

상가 투자도 답이다. 상가는 입지가 가장 중요하고, 어떤 업종이 들어오느냐에 따라 등락이 결정된다. 사람들이 선호하는 지역에 적절한 상가 투자를 한다면 임대료로 대출 이자를 해결하고 상가 구입비도 해결할 수 있다. 토지도 부동산 투자의 한 방법이다. 토지는 단위가 가장 크고 선택 방법이 가장 까다롭지만, 가장 투자 효과가 높은 방법이다. 토지는 값이 정해져 있지 않다. 물론 공시지가와 거래가가 있기는 하지만 최종적으로 는 사는 사람과 파는 사람의 협상에 의해 가격이 결정된다. 물건의 위치, 사회적인 상황, 그 지역의 특징에 따라 값이 오르내린다. 개발 호재는 토지 가격 인상에서 가장 큰 변수이다. 토지 투자는 그야말로 빅뱅이 가능한 투자이다.

주식 관련 책도 읽어야 한다. 우리나라에서는 개미가 주식을 해서 성공한 사례가 너무 적다. 운 좋게 벌었어도 그 돈을 지키지 못하고 다 잃어버리는 경우가 허다하다. 주식에 대해 기본적인 접근부터 다양한 매매 방법을 터득하여 자신과 맞는 방법을 실천해야 한다. 요즘 주위를 보면 주식해서 잃는 사람만 있는 것은 아니다. 주식에서 돈을 버는 사람도 있다.

독서 재테크를 하려는 사람은 신문이나 방송에도 귀를 기울여야 한다. 채무자들을 위한 정부 정책 정보를 빠르게 알 수 있는 방법이 언론이다. 최근에도 저소득층이나 장기소액 연체자들을 위해 '신용회복위원회'에서는 개인회생과 파산에 대한 정보를 확인할 수 있다. 저소득층 연체자들이나 장기소액연체자들에게는 특별한 감면 혜택이 많이 있으니 그런 정보를 실시간으로 확인하는 것이 중요하다.

최근 서점가에 재테크 관련 도서가 쏟아지고 있다. 반가운 일이다. 우리나라 국민들의 재테크 지수는 OECD 국가 중 하위를 차지하고 있다. 재테크 공부는 언제 어디에서 시작해야 할까? 어리면 어릴수록, 바로 여기서 시작하는 것이 좋다. '오바하의 현인'이라 불리는 세계적인 갑부 워런 버핏도 초등학교 시절부터 사업 방식의 아르바이트를 했다. 재테크 감각을 몸에 익히려면 어릴 때부터 경제 교육을 시키는 것이 필요하다.

어렸을 때 재테크 교육을 받지 못한 사람들은 어떻게 해야 하는가. 이제라도 재테크에 관심을 갖고 공부를 해야 한다. 어떤 이는 시간이 없다고 한다. 시간은 원래 없는 것이다. 바쁜 사람은 바쁜 대로, 한가한 사람은 한가한 대로 시간은 늘 부족하다. 없는 시간을 내서 독서를 하고 공부를 해야 한다. 재테크의 다양한 분야를 대략 공부하고 나면 자신과 맞는 분야나 자신이 잘할 수 있는 분야가 있을 것이다. 그 분야를 심층적으로 파고들어야 한다.

재테크 독서로 매월 300만 원 버는 비법을 터득하려면 책부터 읽어야 한다.

- 06 -

『부의 추월차선』

엠제이 드마코, 토트

"돈으로 행복을 살 수는 없다."고 단언하는 사람들은 이미 스스로 부자가 될 수 없을 거라고 단정 지은 사람들이다. 이 오래된 격언은 많은 이들의 가난의 불씨가 되었다. 사실 이 주장에는 맹점이 있다. 행복의 진짜 적이 무엇인지 놓치고 있기 때문이다. 바로 노예화 즉, 자유를 잃은 상태다.

돈을 바르게 사용할 때 자유를 가져다준다.

수백 가지 선택의 결과가 지금의 당신이다.

당신이 할 수 있는 최고의 투자는 당신 자신에 대한 투자다. 교육에 기꺼이 투자해라. 그렇지 않으면 훗날 훨씬 더 큰 대가를 치를 준비를 해야 할 것이다. 아이디어를 실행하는 사람이 모든 것을 소유한다.

'부'에 대한 개념을 정립해준 책이다. 이 책은 내가 평생 현대판 노예로 살아왔다는 것도 자각하게 해주었다. 내 삶은 부의 서행차선을 기어가고 있다가 가끔 끼어드는 방해물로 다시 출발점으로 돌아가곤 했다.

'부의 추월차선'을 타고자 한다. 임대시스템, 컴퓨터. 소프트웨어 시스템, 콘텐츠 시그템, 유통 시스템, 인적 자원 시스템을 연구해서 '자유'를 얻을 것이다. 나의 경험을 콘텐츠로 하여 책을 썼다. 카페, 블로그, 인스타, 페이스북, 유튜브 채널을 통해 콘텐츠를 전달하고 홍보한다. 나 자신에 대한 투자를 지속적으로 하고, 내가 얻은 아이디어는 즉각 실행하여 내 것으로 만들 것이다.

3 장

돈이 쌓이는
기적의 재테크
8계명

자산과 부채, 현실 파악이 먼저다

"자산이랄 게 뭐 있나요? 아파트 1채와 자동차 1대가 전부죠."

"부채는 얼마인지 정확하게 모르겠어요. 한 1억쯤 될 거여요."

"은행에도 빚이 있고, 마을금고에도 있고, 저축은행도 있어요."

"햇살론을 받고 있어요. 햇살론을 받으니 다른 곳에서는 대출이 안 되네요. 카드론과 현금서비스로 돌려 막고 있어요."

부채 상담을 하는 사람들이 하는 말이다. 자신의 자산과 부채 현황에 대해 잘 알지 못하면 재테크 출발 준비가 안 된 것이다. 빚을 갚거나 돈을 모으려면 자신의 자산 현황과 부채 현황을 파악하는 것이 필요하다.

  자산은 자신이 소유한 유형, 무형의 물품 및 권리 등을 말한다. 현금, 예적금, 자동차 등 재산과 같은 개념이다. 순자산은 자산에서 자신의 대출을 뺀 금액을 의미한다. 전문가들이 작성한 양식은 복잡하지만 나는 바쁜 직장인이라 단순하게 양식을 만들어보았다. 엑셀 양식에 간단하게 만들었다. 엑셀에는 부채와 자산을 옆으로 길게 작성해서 최종 재산 내역을 볼 수 있도록 했다.

  전문적으로 자산 관리나 재무 설계를 받으면 양식이 복잡하고 구체적이다. 금융 분야의 전문가들이 짜는 플랜이니 일반인들은 내용 파악하기도 쉽지가 않다. 일반인들은 양식이 단순해야 보기에 좋고 실천하기도 쉽다.

〈부재와 자산 현황표 양식〉

구분 연월일	부채			자산		
	공제회	국민1	부채 계	공제회	투자	자산 계
2015-12-31						
2016-01-21						
2016-02-21						
2016-03-17						
2016-04-17						
2016-05-17						

빚을 갚아야겠다는 생각을 하면서 되돌아보니 그동안 자산과 부채 현황을 파악한 기억이 없었다. 20여 년이 넘는 직장 생활을 하면서, 바쁘다는 핑계로 나의 재무 현황에 대해 신경을 쓰지 않았던 것이다. 빚이 늘어나도 별 신경이 쓰지 않았다. 내 눈에 들어오는 빚, 은행에서 복잡한 신청 절차를 거쳐서 생긴 빚만 빚이라고 생각했기 때문이다.

빚 관리하는 책을 보면서 자산과 빚의 개념을 나름대로 분석했다. 자동차 같은 것은 자산이자 빚으로 간주할 수 있었다. 중고차로 팔았을 때 남는 순수익이 얼마인지가 자산이다. 자동차를 구입하고 남은 할부금은 빚으로 봐야 한다. 사실 자동차는 사는 순간부터 가치가 떨어지는 감가상각이 심하다. 혹시 고장이나 사고라도 나면 그 가치는 더 추락한다. 얼마의 자산이라고 정하기도 어려운 것이 자동차다.

자산, 부채 관리를 하면 알게 되는 것들

자산 관리를 하면 좋은 점이 있다. 막연하게 많다고 기억해왔던 나의 자산의 실체를 마주하게 된다. 현금 자산과 금융투자금액과 부동산이 얼마인지 확인을 하게 된다. 혹 잉여재산이 있다면 정리하여 빚을 갚을 수도 있다. 자녀들의 보험이 만기가 되어 정리할 수도 있고, 장기저축이나 연금저축 같은 것들도 해약하여 빚 갚는 데 사용할 수도 있다. 이자를 많이 준다고 해서 들었지만 그 동안에 빚 갚는데 들어가는 이자를 생각하고 물가변동을 생각한다면 장기저축은 고려할 사항이 못 된다. 청약저축 같은 경우도 굳이 분양을 받을 것이 아니라면 정리해서 빚을 갚는 게 현명하다.

지출 관리를 하면 내 월급의 실체와 마주한다. 사람들은 막연하게 수입만 기억한다. 그것도 연말정산할 때의 급여총액 말이다. 1년간의 직장 생활의 마감은 뭐니 뭐니 해도 연말정산이다. 대체 내 월급이 얼마인지 계산도 하지 않고 살다가 연말정산할 때 급여 총액을 보고 기절하는 사람들이 많다.

"아니, 내 급여가 이렇게 많았어? 그럼 내 돈은 다 어디로 간 거야?"
"뭔가 잘못된 것 아냐? 내가 이렇게 연봉이 높은데 한 해가 지나고 나서 내 손에 남는 게 뭐가 있어?"

곳곳에서 탄식이 나온다. 숫자의 함정이다. 평소 재정 관리를 잘 안 하다 보니 자신의 급여에 대해 분석을 하지 않고 그저 월급 명세서의 숫자들만 기억했을 것이다. 나는 월 얼마 받는 사람이라는 자의식에 어깨가 절로 올라간다. 사고 싶은 것들이 있으면 사고, 하고 싶은 것은 하고, 가고 싶은 곳은 또 간다. 집밥 먹기가 힘드니 매일 배달에 외식을 하다 보면 식비가 그렇게 많이 나가는 걸 모르고 지내게 된다.

연말정산을 하면서 알게 되는 지출 중에 연금과 보험, 세금이 있다. 급여 총액에 다 포함되어 있는 항목들이다. 매달 급여에서 정기적으로 빠져나가는 돈이 20-30%이다. 그러니 매달 월급이나 연 급여총액에서 30%를 뺀다고 생각해보라. 4,000만 원 연봉자라도 실제 손에 받는 것은 3,000만 원이 안 될 수 있다. 매달로 생각하면 100만 원 정도가 아예 들어오지 않는 것이다. 연봉이 많은 사람은 200만 원 내외가 줄어든다.

수입의 실체를 파악하면 지출 통제가 저절로 되기도 한다. 급여가 많다고 생각하여 하고 싶은 것을 다 했는데 수입의 실체를 알고 나면 뇌에서 그렇게 하지 말아야 한다는 생각을 한다. 주어진 수입에 맞게 과소비를 억제하는 효과가 나온다. 상태 분석을 통해 필요에 의해 소비를 줄이면 긍정적인 에너지가 그대로 유지된다. 만약 억지로 소비를 통제하고 소비를 억누르면 어느 순간 요요현상이 나타난다. '에라, 모르겠다. 내가 이런다고 누가 알아주나? 그런다고 부자가 금방 되는 것도 아니잖아?' 하는 생각에 옛날 소비요정으로 돌아간다. 요요로 벌어지는 소비는 이전과는 다르게 더 통제하기가 어렵다. 다이어트를 하다가 포기하고 요요현상이 오면 다시 시작하기가 어려운 것과 같다. 1번 실패한 경험은 긍정심을 앗아간다. 자신감이 없는 절제, 즐거운 정도까지는 아니라도 평온

하지 못한 절약은 절약 포기를 부르고 요요가 생기고 자신감을 잃는 상황이 된다. 사람은 생각의 동물이다. 생각으로 할 수 없다고 느끼면 누가 뭐라고 해도 할 수 없는 것이다.

수입의 실체를 파악하고 지출을 통제하면 평온한 상태에서 절약을 실천하게 된다. 기간을 정해 절약을 실천해보자. 꼭 필요한 것은 사되, '아나바다'나 중고시장을 이용해서 소비하는 것도 방법이다. 자신의 뇌에 '나는 할 수 있다'는 자신감을 심어주고 실천을 하다 보면 삶의 질이 달라지게 된다.

- 07 -

『비즈니스 발가벗기기』

리처드 브랜슨, 리더스북

매일 아침 나를 눈 뜨게 만드는 또 다른 요소는 변화를 만든다는 생각과 아이디어다. 그래서 나는 대기업을 운영하길 원한 적이 없다. 나는 많은 수의 작은 기업들을 만들고 관리하는 데서 엄청난 즐거움을 느낀다. 나는 작은 기업을 만드는 기업가란 어떤 존재인지를 늘 명심함으로써 다양한 비즈니스 분야에서 많은 긍정적인 변화를 만들어왔다.

나는 실제로 적극적이고 모험정신이 강한 사람들이 자신에 대해 성공적이다고 느끼리라 생각한다. 사실 그것은 내 성공에 대한 정의일지도 모른다. 근래에 나는 우리 인류와 지구의 미래를 보호하기 위해 점점 더 많은 일을 하고 있다. 그것이 나를 성공하게 만드는가? 적어도 나를 행복하게 하는 것만은 틀림없다.

괴짜 사업가 리처드 브랜슨. 이 책은 '사업'이 어렵고 힘들다고 생각했던 내 편견을 깨주었다. 저자는 상상력과 혁신적인 마인드의 기업가정신이 있다면 누구나 즐거운 경영과 회사생활을 할 수 있다고 말한다.

나도 이제 30여 년 직장생활이라는 온실을 벗어나 정글 같은 사업의 세계로 떠난다. 사업을 더 이상 정글이나 사막으로 여기지 말아야 한다. 즐거운 사업, 유쾌한 기업가로서의 첫 발을 디디게 해준 이 책의 저자에게 감사한다.

아래는 이 책의 목차이자 리처드 브랜슨의 성공 원칙 7가지이다.

1. 사람 : 훌륭한 사람을 찾아 그들을 자유롭게 하라.

2. 브랜드 : 브랜드의 확장은 곧 신뢰의 확장이다.

3. 실행 : 의사소통을 원활히 하라, 디테일에 집중하라.

4. 좌절 : 최선의 탈출구는 정면돌파다.

5. 혁신 : 혁신은 최초나 최대가 아니다. 최선이다.

6. 기업가정신과 리더십 : 완벽주의자보다 실용주의자가, 몽상가보다 모험
   가가 되어라.

7. 사회적 책임 : 좋은 일을 하면 비즈니스에도 좋다.

수입보다 지출이 더 중요하다

수입과 지출을 파악하라

"수입이 중요해. 월급이 많으면 쓰고 싶은 것을 다 쓰고도 저축할 수 있어. 재테크도 가능하고."

"지출이 중요한 것 같아. 아무리 많이 벌어도 다 써버리거나 빚을 내서 쓰는 사람이 있고, 급여가 적어도 매달 모으는 사람도 있어."

둘 다 일리 있는 주장이다. 둘이 지출이 비슷하다면 수입이 많은 사람이 돈 모으기가 쉽다. 수입이 많은데 지출이 적으면 급여에서 남는 돈이 많아진다. 둘이 수입이 비슷하다면 지출을 적게 하는 사람이 모으기 쉽고. 돈 모을 확률로 봤을 때는 당연히 수입보다 지출이 중요하다고 생각한다. 급여가 많든 적든 상관없이 절약이 몸에 밴 사람들은 적금을 한다. 물론 경력도 적고 급여도 적어서 월급을 타도 지출을 잘 못하는 사람들도 있기는 하다. 지출을 통제하는 사람은 돈을 모을 확률이 커지고, 부자가 될 확률도 크다고 본다.

"월급이 30만 원만 더 있었으면…."
"급여가 적어서 내가 하고 싶은 것을 못 하고 산다."

요즘 직장인들이 흔히 하는 말이다. 그렇다면 최근 직장인 월급은 얼마나 될까? 40대 직장인들 평균이 연봉 4,000만 원 정도라고 한다. 맞벌이를 하면 6천-7천만 원 정도 할 것이다. 대기업이나 공기업은 그보다 훨씬 많겠지만 인원이 적다. 50대가 넘어가면 연봉은 높아지지만 명예퇴직 등으로 직장을 떠나는 사람들이 많다.

『나는 빚을 다 갚았다』의 저자 애나 뉴얼 존스의 사례는 지출 통제의 중요성을 강조한다. 저자는 쇼핑을 너무 좋아해서 빚이 있어도 상관하지 않고 쇼핑을 했다. 어느 날 '과소비'를 끝장내고 빚을 통제하여 수렁에서 헤어나오기 위해 방법을 찾는다. 그는 '소비단식'이라는 극단적 방식을 선택했다. 1년 동안 오직 필수품, 즉 꼭 필요한 곳에만 돈을 쓰기로 결심한다. 혼자 하면 동기부여가 안 되고 작심삼일이 될 듯하여 특단의 방법을 쓴다. 웹사이트 블로그에 그 결심 내용을 올린 것이다.

블로그에 올린 후 반응은 놀라웠다. 빚을 지고도 소비를 줄이지 못하는 사람들이 블로그에서 글을 올리고 도움을 청하기 시작했다. 그들과 함께 경험을 공유하며 노력을 하여 빚을 갚았다. 그는 빚이 얼마나 있는지, 돈을 얼마나 버는지는 중요하지 않다고 한다. 상황을 전환하기 위해서는 용기를 가져야 한다고 한다. 또 그는 빚에서 해방된 것은 행운이 아니라 그가 그렇게 되고자 선택했기 때문이라고 강조한다.

지출을 통제하는 나만의 방법

지출을 통제하기 위해서는 어떻게 해야 할까? 나도 예전에 절약을 하려다 여러 번 실패를 했다. 빨리 돈을 모아서 집을 사고 싶어서 매월 목표 저축액을 정해놓고 지출을 하기로 했다. 매월 200만 원씩 모아서 1년이면 2,400만 원을 모으고 싶었다. 아이들도 어리고 해서 금방 해낼 줄 알았다. 결론적으로는 번번이 실패했다. 목표 저축액만 있었지, 구체적인 방법이 없었다. 막연한 목표를 가지고 원하는 대로 지출을 통제하기 어려웠다. 처절한 자각을 통해 목표를 이룰 수 있었던 방법을 공개한다.

첫째, 의식과 생각의 변화이다. 소비나 절약도 생각이 먼저다. 사고 싶은 욕구, 먹고 싶다는 생각이 나를 지배하면 나는 그 생각을 따르고 있다. 나도 모르게 소비를 일삼고 있었다. 생각을 변화시키고 마인드컨트롤 하려면 독서를 꾸준히 해야 한다. 사람들은 같은 책을 읽어도 어떤 이는 실행을 하여 결과를 얻고, 어떤 이는 예전과 똑같이 산다. 가장 큰 이유는 생각의 차이이다.

의식과 생각을 변화시키기 위해서는 독서가 가장 유용하다. 독서를 하면 책을 읽는 내내 좋은 내용이 뇌 속에 기억되고 기록된다. 책을 덮어도 그 속에 있던 내용이 뇌 속을 헤집고 다닌다. 만약 사람한테 그런 결단에 대해 조언을 듣는다고 생각해보라. 과연 몇 분, 몇 시간이나 그 조언을 들을 수 있을까. 사람에게 듣는 소리는 한계가 있다. 그러나 독서는 한계가 없다. 읽는 도중에 지겹거나 힘들면 잠시 쉬면 된다.

둘째, 빚 갚기 계획을 세운다. 대체 나의 빚은 얼마인가를 아는 것은 중요하다. 빚의 실체를 잘 알아야 갚을 수 있는 방법을 생각할 수 있기 때문이다. 나쁜 빚을 가지고 있는 사람들도 많다. 상황이 어려운 사람들은 어쩔 수 없이 나쁜 빚에 빠져서 자신의 빚이 얼마나 되는지 확인하는 것조차 두려워한다. 모든 것을 포기하고 싶어진다. 하지만 아무리 복잡하고 종류가 많아도 자신의 빚을 확인해야 한다. 상황을 분석해봐야 방법이 보인다.

자신의 소비 성향을 파악한다. 신용카드나 체크카드 목록의 2~3개월 내역을 분석한다. 너무 양이 많으면 최소 1개월 분량이라도 해본다. 지출 분류는 다음과 같다.

식비, 생활/가전, 교육.문화, 건강 관리, 경조비, 차량/교통, 통신.보험, 모임, 기부/나눔, 기타, 동생, 대출 원금, 대출 이자

컴퓨터를 할 줄 아는 사람이라면 엑셀에 작성할 것을 권한다. 엑셀은 자동으로 통계를 낸 다음 보여주기 때문에 매우 편리하게 데이터를 작성할 수 있다. 컴퓨터를 잘 못하는 사람들은 워드프로세서에 작성해서 통계를 내서 출력해본다. 워드프로그램에서도 간단한 계산을 다 할 수 있다. 그것도 안 되는 사람들은 공책을 마련해서 쭉 적어보기를 바란다. 한 달치, 아니 일주일 분량만 적어도 자신의 소비 행태에 대해 알게 된다.

갚아야 할 빚 목록을 작성한다. 보통 빚이라고 하면 은행권에서 빌린 것만 생각하고 있다. 아무 생각 없이 쓰던 신용카드, 할부도 빚이다. 매월 결재해야 하는 관리비, 공과금도 빚이다. 통장에서 자동이체로 빠져나가는 학자금도 모두 대출이다.

은행 대출금, 가계자금 대출금, 주택자금 대출금, 신용카드 대금, 체납

세금, 청구될 청구서(공과금 및 의료비), 마이너스 통장, 사채, 교육비, 양육비, 쇼핑 대금, 세금, 퇴직연금, 자동차 구입비.

생각보다 목록이 많다. 이것들은 어차피 빠져나가야 할 것이기에 빚으로 봐야 한다. 이들의 이자율을 파악한다. 이자율에 따라 앞으로 나가야할 금액이 달라지기 때문이다. 이자가 높은 것부터 갚아나가야 한다. 이자율을 낮추는 노력을 하라. 현금서비스나 할부 대금이 나가는 것을 이자율이 낮은 대출로 변경한다. 2금융권 대출은 1금융권으로 옮기도록 노력한다. 신용카드 결제일은 월급날로 바꾸어라. 신용카드 대금을 월급날 바로 빠져나가게 그달 생활비와 잔액을 제대로 관리할 수 있다.

셋째, 꼭 사야 하는 것과 안 사도 되는 것을 구분한다. 내가 지출한 목록을 정리해서 다시 보면 반드시 필요했던 것들과 그다지 필요하지 않았던 것들이 있다. 그닥 필요하지 않은 것들은 내가 사지 않았더라도 내 생활이 별로 바뀌지 않는 것들이다. 있는 옷 또 사거나, 신상품이라고 해서 소비하는 것, 모양이 예뻐서 한 번 사 보는 것들이 있다. 하나 사면 배송비가 필요하거나 아예 구매가 안 되는 것들도 있다. 홈쇼핑 패키지 물건들과 같은 것들이 내 생활에 얼마나 많은지 파악하게 될 것이다.

소비 품목을 분류했다면 꼭 필요한 것들만 소비하도록 한다. 단식은 음식을 끊고 생명 유지에 필요한 최소한의 물만 마시는 것이다. 단기적인 단식은 물조차 마시지 않는 경우도 있다. 그와 마찬가지로 일상생활에서 소비를 끊는 소비 단식을 하면 지출 통제 능력이 커질 것이다.

지출 통제를 계획했다면 이제 실행만 하면 된다. 자신의 결심을 플래너에 적고 벽에 붙인다. 주위 사람들에게 자신의 결심을 알린다. 블로그나 카페에도 지출 통제 계획을 업로드한다. 혼자 몰래 계획을 세우고 실행하려고 하면 실천하지 않아도 창피하지 않아서 동기부여가 잘되지 않는다. 나의 변화를 나의 모든 채널을 동원해서 널리널리 알리자.

투자와 소비를 구분하라

나의 월급은 어디로

'띵동, 오늘도 당신의 급여가 월급통장을 스쳐갔습니다!'

왜 나의 월급은 통장을 스쳐지나가는 걸까. 월 급여 액수로 보면 엄청난 돈인데 매월 17일이면 통장에 잔고가 없다. 아니, 신용카드 대금 이체를 위해 카드론이나 현금서비스를 받기도 한다. 한심하다. '나는 재정 관리를 왜 이렇게 못할까?' 하는 자괴감마저 든다.

돈은 생물과 같아서 주인을 알아본다. 주인이 관리를 잘하면 붙어 있지만, 관리를 잘 못하면 손바닥에 물 새듯이 빠져나간다. 사회 변화에 따라 돈 쓸 일은 많아지는데 돈 관리는 잘 안되고, 월급 인상은 제자리에 머무니 참 걱정이다. 나의 월급은 대체 어디로 가는 걸까?

먼저, 소비가 문제다. 자신도 모르게 과소비를 하고 있기 때문이다. 요즘은 '과소비를 권하는 시대'이다. 인터넷을 열면 처음 화면에 번쩍번쩍 뜨는 창은 대부분 쇼핑사이트이다. 의류 광고도 많고, 생활용품 광고도 많다. 인터넷을 검색하다 보면 화려함으로 시선을 끈다. 나도 모르게 클릭하고, 지름신이 내린다. 그러나 물건이 도착하면 과연 내게 꼭 필요한 물건이었나 하는 생각이 든다.

나의 과소비 패턴을 알 수 있는 방법이 있다. 당장 3개월 정도의 카드 명세서나 구매 내역을 분석해보자. 구매 목록들 중에서 정말 꼭 필요한 물건인지, 충동구매인지 구분해보는 것이다. 그러면 자신이 어떤 분야에 돈을 쓰고 있는지가 다 보일 것이다. 운동을 좋아하는 사람은 운동 관련한 일에 돈을 쓸 것이고, 먹는 걸 좋아하는 사람들은 외식이나 먹거리 쇼핑에 지출할 것이다. 어떤 사람들은 의류나 화장품 구입하는 데 돈을 아끼지 않고, 어떤 이는 주로 술이나 회식에 돈을 쓴다. 주말마다 골프 라운딩을 위해 필드를 찾는 사람들, 매주 정기적으로 등산이나 활동적인 스포츠를 즐기는 사람들도 늘어나고 있다. 몇 년 전부터는 가족 단위의 캠핑이 인기를 끌고 있다. 아는 사람은 텐트를 비롯한 캠핑 장비를 사는 데 200만 원이 들었다고도 했다.

　나의 돈은 투자라는 명목으로 새어나갔다. 주식, 펀드, 비상장 주식 심지어 비트코인까지 다 해보았다. 그중 수익을 준 것은 거의 없었다. 잘 모르고 공부도 안 하고 덤볐으니 그렇게 될 수밖에 없다고 생각한다. 나는 주식 역사는 오래되었다. 먼저 책을 몇 권 읽고 주식을 시작했다. 더듬어보니 계좌를 튼 것도 10여 개는 되었다. 매매 수수료가 싼 것을 발견할 때마다 계좌를 만들었다. 대형 투자증권회사 계좌와 온라인 트레이딩 시스템을 가리지 않았다. 사실 증권회사 개장 시간과 근무 시간이 딱 겹치니 매매하기가 쉽지 않다.

　증권 방송도 보고 전문가가 운영하는 카페도 가입했다. 혼자 하는 것이 수익이 나지 않아 전문가 유료 사이트도 가입해봤다. 방학을 이용해서는 낮에 하루 종일 리딩하는 방송을 듣기도 했다. 전문가들은 점잖고 신사적인 말투를 쓰는 사람도 있고 욕설과 원색적인 말들을 퍼부어대는 사람도 있었다. 오프라인 모임을 가기도 했다. 오래전 어떤 전문가는 수익은 나누어야 한다면서 서울시청역 지하상가에서 노숙인들에게 밥을 주는 봉사 활동을 하기도 했다. 그때 많은 충격을 받은 기억이 난다. 10

명 중 8-9명은 남자들이었다. 일터에서 열심히 일해야 할 중년 남자들이 길게 줄을 서서 배식을 받는 것을 보고 할 말을 잃었다. 다들 무슨 사연이 있겠지만 그들이 두고 온 가족들은 어떻게 지내고 있을지 염려도 되었다. 이후에도 몇 년마다 주식시장에 입문했지만 별 소득이 없었다. 심지어 2018년에는 9월에 들어가 10월 초 폭락을 온몸으로 받았다. 나는 주식과는 인연이 없다며 접었다.

펀드 경험은 많지 않다. 펀드는 묻어두고 장기간 가져가야 한다는 생각에 쉽게 들어가기가 어렵다. 또 펀드는 판매 수수료가 너무 비싸서 수익이 있어도 수수료 지불하면 그다지 남지도 않는다. 운이 좋아 수익률이 몇십 % 이상 된다면 몰라도.

지인 중에는 몇십억의 비트코인을 날린 사람도 있다. 10년도 더 전에 몇백 만 원어치 비트코인을 사서 묻어두었는데 그것이 몇십 억이 된 것이다. 팔아서 집도 사고 차도 사는 환상적인 꿈을 꾸었으나 사이트가 해킹을 당해 비트코인이 흔적도 없이 사라졌다. 처음 들어갈 때 투자한 돈은 얼마 되지 않지만 가장 크게 올랐을 때의 금액을 생각하면 거부가 될 수 있는 돈이기에 두고두고 아까울 수밖에 없다.

나도 1년 반 전, 가상화폐가 승승장구하고 있을 때 비트코인이나 이더리움을 알게 되었다. 우연히 가상화폐의 성공담을 적은 책을 읽었다.

300만 원으로 30억을 만들었다는 책이었다. 빚을 갚아야 하는 나는 눈이 번쩍 띄었다. '왜 이제야 이런 정보를 알게 되었을까?' 하는 후회가 밀려 왔다. 아쉽지만 지금이라도 가상화폐 상승곡선에 올라타야 한다는 생각이 들어 1,000만 원을 대출했다. 우리나라에서 가장 큰 시장 같은 빗섬에 계좌를 텄다. 또 책의 저자가 비트코인보다는 이더리움 상승률이 더 높다고 하기에 이더리움에 투자했다.

하, 나는 역시 운이란 없는 사람인가 보다. 내가 넣고 며칠 지나지 않아 가격이 하락하기 시작했다. 각종 나쁜 뉴스가 터져 나왔다. 중국에서는 이미 규제를 했고 우리 정부도 규제한다고 했다. 대규모의 가상화폐 거래소가 해킹을 당해 계좌가 다 털렸다. 추풍낙엽이 그럴까. 가상화폐 가격 추락에는 날개가 없었다. 얼른 자금을 뺐다. 하더라도 더 떨어지면 그때 사자고 생각했다. 100만 원 이상 손해를 보았다. 빚을 내서 투자하는 내게 100만 원이 얼마나 큰돈이었는지 모른다.

투자 수익률 0%, 사교육비

투자수익률이 낮은 투자 중에 사교육비가 있다. 나와 다른 의견도 있 겠지만 메리츠 금융의 대표 존 리의 말은 일리가 있다. 우리나라처럼 교육비 지출, 특히 사교육비 지출이 많은 나라가 또 있을까? 갓난아기가 태어나면 돌쟁이 때부터 학습지를 시킨다고 한다. 유아책이나 CD 세트를 비싸게 지불하고 산다. 유아원이나 유치원도 비싼 곳을 다닌다. 영어유치원, 영재 유치원, 키즈 스쿨 같은 고가의 사립유치원도 꽤 많다. 초등학교를 들어가면 사교육의 종류가 점점 늘어난다. 학습지부터 시작하여 국어/논술, 영어, 수학, 피아노, 미술, 태권도/합기도 등 그 종류는 셀수 없이 많다. 사교육비 평균은 10~20만 원이지만, 사교육을 주로 시키는 집들로 평균을 내면 몇십 만 원은 족히 넘는다.

중학교를 들어가면 영어, 수학 위주로 과외나 학원 수업을 받는다. 여기에 예술/체육 관련 학원도 1-2개 다닌다. 수강료는 이때부터 비싸지기시작한다. 학원비도 한 과목에 30만 원은 훌쩍 넘는다. 50만 원 정도가평균이기도 하고 대도시는 100만 원도 한다.

우리나라 사교육의 정점은 고등학교 시기이다. 사실 인문계 고등학교는 사교육을 별도로 하지 않도록 스케줄이 짜여 있다. 아침 일찍 등교하고 학교에서 정규 수업과 방과 후 수업까지 다 마친 후 야간자율학습을한다. 하지만 부모들의 불안한 마음은 자녀들을 조금도 방치하지 않는다. 불법이지만 밤 12시까지 학원이나 과외수업을 시킨다. 또 주말 시간을 이용하여 고액 과외 시키는 것을 주저하지 않는다. '공부하는 기계', 부모들은 자녀들을 딱 그렇게 인식하고 있다.

고 3이 되면 입시를 위해 특별 사교육비가 들어간다. 학원비나 과외비가 더 비싸진다. 영어, 수학 과목당 100만 원은 훌쩍 넘고, 국어, 사회, 과학까지 특별 수업을 받는다. 대학 입시를 위한 컨설팅비로 몇백 만 원이 들어가고, 자기소개서와 포트폴리오 작성을 위한 컨설팅비로 몇십, 몇백 만 원까지 들어간다. 수시와 정시 전형료만 100만 원 이상이 지출된다. 그렇게 해서 대학에 들어가면 그나마 낫다. '우리나라에서 재수는 필수, 삼수는 선택'이라는 말처럼 재수나 삼수라도 하게 되면 부모는 대출을 해서라도 입시 교육을 시켜야만 하는 것이다. 사교육 최대 공화국! 우리나라를 일컫는 오명 중 하나이다.

당신의 통장은 안녕한가?

시시때때로 우리의 통장은 위협받고 있다. 급여가 많다고 안심할 것이 아니다. 앞서 언급한 것들 이외에도 우리의 급여를 노리는 소비는 너무나 많다. 해외여행, 비싼 휴대폰, 고가의 외제차, 무조건 내 집 마련 같은 것들을 생각해보라. 내 통장을 안전하게 지킬 수 있겠는가. 그렇다면 내 통장을 안전하게 지켜줄 수 있는 방법은 무엇일까.

- 08 -

『절박할 때 시작하는 돈 관리 비법』

데이브 램지, 물병자리

당신과 가족의 미래를 위해 조금 더 강해져야 한다. 잘못되었으면 잘못된 상황을 직시하고 맞서 싸워라. 절대로 회피하거나 포기하지 마라. 만기환급형 생명보험은 끔찍한 상품이다. 굳이 당신 돈으로 보험회사의 배를 불려주는 이유가 무엇인가? 현명한 선택을 하라. 돈 쓰는 즐거움 자체를 잊고 살라는 게 아니다. 분수에 맞지 않는 지출을 하지 말라는 소리다.

부부 중 한 명이 가계부를 관리한다고 그 사람이 돈에 관련된 모든 결정을 내려서는 안된다. 당신이 투자를 꺼리는 이유는 투자에 대해 아는 게 없기 때문이다. 적극적으로 찾아서 공부하라. 불필요하게 많은 통장을 가지고 있을 필요가 전혀 없다. 그런 사람은 투자에 대해 잘 모르거나, 뭔가 수상한 문제가 있거나 분명 둘 중 하나이다.

2억 빚을 갚아야겠다는 생각으로 찾아낸 책으로 미국의 이야기인데 너무 한국 같아서 깜짝 놀랐다. 이 책을 읽고 나는 저자가 안내하는 대로 빚 갚기 전략을 수립하였다. 처음에는 막연하고 불가능하다는 생각도 했지만 한 달씩 단계를 밟아서 실천하니 다 이루어졌다. 책을 읽으면서 빚 갚기를 한다는 것은 큰 장점이 있다. 바로 긍정과 희망의 상상으로 해낼 수 있다는 것이다.

아래는 이 책의 목차이자 돈 관리 비법이다.

1단계 : 걸음마 과정, 비상자금 100만원 빨리 모으기

2단계 : 눈덩이 빚 없애기, 모든 빚을 상환금액이 적은 순으로 청산한다.

3단계 : 비상자금 1,000만 원 완성하기, 완성된 비상자금은 실직을 하더라도 3–6개월 버틸 금액이어야 한다.

4단계 : 노후자금 마련하기

5단계 : 학자금 마련하기

6단계 : 주택담보대출금 상환하기

7단계 : 부자 되는 축복 누리기

04

줄줄 새는 돈을 잡아라

돈에 대한 심리를 파악하라

"앗, 돈이다! 만 원이네. 오늘 운이 좋다."
"길에서 주운 돈은 빨리 써야 해. 가게로 가자."

어렸을 때 학교를 오가다가 길바닥에서 돈을 줍는 친구들이 있었다. 그러면 십중팔구 저런 상황으로 마무리되었다.

이런 상황도 있다. 만약 마트에서 5만 원짜리 가전제품을 사려고 하는데 누군가 다른 마트에서는 그 제품을 3만 원에 팔고 있다고 한다. 당신은 그 가게로 발길을 옮기겠는가? 대답은 당연히 '네'이다. 질문을 받은 대부분의 사람이 더 저렴한 마트로 가서 제품을 사겠다고 했다. 무려 첫 번째 마트보다 40%가 저렴하기 때문이다.

상황이 바뀌어 당신이 공기청정기를 사려고 하는데 가격이 100만 원이다. 어떤 이가 다가와서 옆의 가게로 가면 98만 원이라고 정보를 준다면 그 가게로 옮기겠는가? 대답은 '아니오'이다. 왜? 고작해야 2%의 할인율이라 귀찮음을 참고 이동해서 얻는 이익이 상대적으로 적다.

생각해보라. 앞의 이야기와 뒤의 이야기는 제품과 단가만 다르고 나머지 상황은 비슷하다. 이 가게보다 더 싼 가게로 옮겨서 싼 것을 구매한다는 상황. 심지어 혜택을 볼 수 있는 금액이 20,000원으로 똑같다. 그런데 왜 앞의 저가의 제품일 때는 이동하고, 고가의 제품일 때는 그냥 사버리는가. 우리의 뇌에서 돈에 이름표를 붙이기 때문이다. 앞의 상황은 40%의 이익을 본다는 생각이고, 뒤의 상황은 2%의 이익을 본다는 생각이다. 사람들은 당연히 할인율이 높은 곳으로 옮기고 싶은 충동을 느끼고 실제로 그렇게 한다.

'돈의 심리학'
'심리계좌'

'쉽게 들어온 돈은 쉽게 나간다.'

'자신이 노동으로 힘들게 번 돈은 쓰기가 아깝다.'

이런 말들은 돈에도 이름표가 붙었다는 이야기다. 같은 만 원이라도 생각에 따라 귀한 돈이 될 수도 있고, 하찮은 돈이 될 수도 있다. 백화점에 가서 100만 원이 넘는 옷을 질러버리는 사람이 시장에서는 몇백 원 야채값을 깎는다. 사실 시장에서는 몇천 원 하지 않는 물건들을 사니까 쉽게 사고, 백화점에서는 몇 달 생활비를 넘는 비용을 지불하니까 더욱 신중해야 한다. 그런데도 사람들은 정반대로 행동하는 것이다.

술집에서 몇십 만 원, 몇백 만 원도 '자, 기분이다!' 하고 던져주는 사람이 집에서는 자식들에게 주는 몇만 원의 용돈을 아까워한다. 우리나라는 체면을 굉장히 중요시한다. 체면은 주로 낯선 사람들한테 표현된다. 가정에서 가족한테는 체면을 차리지 않는다. 오히려 자신의 속을 다 보이고 감정을 그대로 표현한다. 가족들이 상처를 입는다고 생각하지 않기 때문이고, 가족들에게 체면이 깎이지 않는다고 생각하기 때문이다. 하지만 낯선 사람들을 만나면, 어쩌다 한 번 만나고 다시 만나지 않을 사람들인데도 체면을 세우고 싶어 한다. 집 밖의 사람들에게는 좋은 사람, 통 큰 사람으로 기억되고 싶어 한다. 허장성세, 바로 허세이다.

한 끼에 7,000원 하는 식사비는 가성비를 따지는데, 한잔에 8,000원 하는 커피값은 가성비를 따지지 않는다. 한 끼에 10,000원 하는 백반은

품질을 따지면서 한상에 12만 원 하는 회는 질을 따지지 않는다. 비싸니까 무조건 좋은 것이라는 믿음이 내면에 깔려 있다.

돈에는 이름표가 없다

돈에는 이름표가 없다. 심리계좌라고 부르지만 사실은 없다. 돈은 액면가 그 이상도 이하도 아니다. 천 원이면 천 원이고, 만 원이면 만 원이다. 심리계좌에서 벗어나야 한다. 돈에서 이름표를 떼어야 한다. 상황에 따라 돈의 가치를 다르게 두지 말고, 그 액면가에만 집중하도록 해야 한다.

예전에는 집전화비가 만 원 이상만 나와도 난리가 났다. 누가 전화를 많이 썼는지 통신사에 요청하여 요금 내역서를 떼어보기도 했다. 요즘에는 한 집안 통신비가 인터넷비 포함 4인 가족 30-40만 원이 되어도 그러려니 한다.

작년에 시골집의 집전화비가 10만 원이 넘게 나왔다. 아니 아무리 전화를 많이 쓴다고 해도 그렇게 나올 리가 없다고 생각했다. 몇 달 동안 전화비를 추적해보니 몇만 원에서 십만 원까지 올라가고 있었다. 올케가 가끔 국제전화를 하는데 집전화비에 그 전화비가 포함되는가 하는 의심도 들었다. 아버지나 동생에게 물어보아도 모르는 일이라 했다. 조카들에게 물어도 전혀 모른다는 대답만 돌아왔다. 귀신이 곡할 노릇이었다. 나만 의문을 품고 있는 것도 이상하였다.

통신사에 전화해서 물어보았다. 용건을 말하니 상담원은 전화번호를 묻고는 이런저런 조회를 했다. 결과적으로 누군가가 TV 다시보기 유료 사이트를 구매한 것이었다. 지난 프로그램에 대한 다시보기가 옛날에는 1주일이면 무료로 바뀌었다. 그런데 요즘에는 한 달이 지나야 무료가 된다. 오락프로그램을 본 것은 틀림없이 조카들일 터였다. 아버지는 다시보기를 하시는 방법도 모르신다. 남동생은 다시보기를 한다면 지나간 사극 드라마를 볼 것이었다. 매일매일 지나간 사극 무료 다시보기를 TV 앞에 앉아 뚫어지게 보고 있으니까. 조카들에게 물었더니 역시 자신들이 보았다고 고백을 했다. 몇 달 동안 그들이 본 것이 몇십 만 원이 된다. 저소득층으로 어렵게 살아가는 상황에서, 80세가 다 되신 아버지가 밤낮없이 일하시는 상황에서 그 돈은 엄청난 액수이다. 그러나 아버지나 남동생은 집전화비가 그렇게 나가는 상황도 모르고 있었다. 그간 돈이 줄줄 세고 있어도 몰랐다는 이야기다.

4년 전의 비슷한 일도 있다. 그동안 컴퓨터를 사용하지 않고 있었다. 남동생이 저소득층이 되고 나서 통신회사에서 통신비를 지원해주었다. 인터넷비도 지원한다고 했다. 마침 내가 노트북을 가져왔기에 인터넷을 연결하려고 연락했더니 이미 우리 집에 인터넷이 들어와 있다는 것이다. 세상에, 예전에 컴퓨터 있을 때 설치했던 인터넷선을 아직도 사용하고 있었다. 컴퓨터가 고장이 나서 몇 년이 지났는데도 그 사실을 아무도 신경 쓰지 않고 있었다. 그야말로 돈이 줄줄줄 새고 있었던 것이다.

우리의 생활 가운데 이처럼 돈이 그냥 새는 경우는 꽤 많다. 옛날에는 소비가 한정되어 있어서 알뜰살뜰 따지며 절약을 실천했다. 하지만 요즘에는 소비 파이프라인이 너무 많아 어디로 돈이 새는지 파악조차 못하는 경우가 많다. 사람들이 예전보다 바빠졌기에 사소해 보이는 생활 소비에 신경을 쓰지 못하는 것도 하나의 이유이다.

혹 나도 모르게 돈이 새고 있는지 확인, 또 확인할 일이다.

매달 주식을 저축하라

자본주의에 살면서 주식을 모른다고?

'자본주의의 꽃!'

주식을 일컫는 말이다. 회사가 창업을 하고 사업을 확대할 때 주식을 발행하여 자금을 마련한다. 회사에는 대기업도 있고 중소기업도 있다. 주식 발행은 회사는 회사 운영에 필요한 자금을 모을 수 있고, 개인은 회사 운영에 기여할 수 있고 이익금을 받을 수 있어서 서로 윈윈이다.

주식 투자는 보통 사람이 부를 쌓을 수 있는 유일한 방법이다. 주식은 회사가 장사를 잘해서 이윤을 남기면 그 이윤을 나눠 받는 것이다. 한 개인이 대기업 자본에 투자를 하고 그 배당금을 받는 것은 놀라운 일이다.

그렇다면 주식 투자를 해야 하는 이유는 무엇인가.

첫째, 주식은 기업이 부를 재분배하는 수단이기 때문이다. 기업은 주주들의 투자를 받아 자금을 형성한다. 그 자금으로 제품을 만들고 사업을 운영하여 이윤을 남긴다. 회사는 이윤을 독식하지 않고 자금을 투자한 주주들에게 재분배한다.

주식이 이렇게 바람직한 투자임에도 사람들은 주식 투자를 꺼린다. 우리나라에서 주식은 투자가 아닌 투기로 인식하고 있기 때문이다. 실제로 시황이나 전광판을 보면 실시간으로 오르내리는 주가에 따라 사람들의 마음도 오르내린다. 투자금을 마련하는 방법부터 위험하다. 회사의 경영에 참여하는 주주라면 그 회사를 믿고 회사가 이익을 낼 수 있는 기간을 기다려야 한다. 믿고 참여한 회사가 그 믿음에 보답하듯 이익을 내고 부를 나누어줄 때 주주는 보람을 느끼고 부를 축적할 수 있다. 하지만 주식 투자를 투기처럼 하는 사람들은 자금을 대출한다. 끌어모을 수 있는 돈을 다 모아서 몰빵한다. 매매 시기도 단기간이 많다. 많은 돈을 가지고 매수를 했다가 조금 오르면 바로 팔아서 수익을 챙긴다. 문제는 손해가 났을 경우이다. 주가는 단기적으로 보면 등락을 거듭한다. 회사가 튼실하고 시황이 좋으면 주가는 오르내리기를 반복하면서 장기적으로 우상향한다.

나도 주식 투자를 경험하였다. 이론적으로는 장기 투자를 해야 한다고 생각했지만 매수하는 시점과 매도하는 시점을 찾기가 쉽지 않았다. 도박판의 심리가 이럴까? 주가가 고공행진을 계속하면 마음속으로 정말 그 주가가 상한가를 몇 번 더 칠 것 같았다. 지금 사지 않으면 큰 손해를 볼 것 같은 마음이 들었다. 그때 매도를 하는 사람들을 이해할 수 없었다. 내가 팔고 난 뒤에 주가가 올라서 아까워한 적이 있기 때문이다. 더 오르기를 기다리고 있으면 충격적이게도 그 주가는 뚝뚝 떨어진다. 이미 팔 시기를 놓치고, 다시 오르기를 기다려보지만 이미 내려간 주가는 다시 횡보하기 시작한다. 그때서야 더 떨어질까 걱정하는 마음에 매도를 한다.

더 심각한 것은 주가가 계속 떨어져서 바닥을 보일 때다. 주식시장에는 '바닥 밑에 지하실, 지하실 밑에 지하 2층'이라는 말이 있다. 이론상으로 이럴 때는 기계적인 매수를 해야 한다. 하지만 내 경험상 최하층에서 매도를 하게 된다. 주가가 뚝뚝 떨어질 때 엄습하는 공포감은 주식을 엄청난 손해를 보고서도 던져버리게 만든다. 들고 있으면 더 크나큰 손해를 볼 것 같은 공포감이 몰려오기 때문이다. 며칠, 아니 몇 달 지켜보면 그렇게 비상식적으로 떨어진 주식은 위험한 재료가 없는 이상 다시 튀어오른다. 그렇게 개미들이 던진 주식은 기관이나 외국인, 큰손들이 다 주워가는 것이다.

둘째, 개인이 주식회사의 주주로서 권리를 누릴 수 있기 때문이다. 직장인이 대기업이나 중소기업의 주주가 되기는 단순하고 쉽다. 매달 쓰는 돈을 아껴서 주식을 사기만 하면 된다. 최소 1주라도 괜찮다. 1주라도 주식을 사면 주주가 되고 주주총회에 참석할 수도 있다. 배당금을 받기도 하고 무상증자를 할 경우에는 주식을 거저 받을 수 있고, 유상증자 시에는 우선적으로 주식을 살 수 있는 권리를 갖는다. 주가가 올라가면 이익금을 받을 수 있다. 회사가 우량할 때는 주가가 우상향하여 수익률이 높아진다. 우리나라처럼 단기투자를 하지 않고 미국처럼 장기적으로 투자한다면 투자금의 몇 배에서 몇십, 몇백 배까지의 이익금을 얻을 수 있다.

셋째, 우리나라가 여전히 저평가되어 있기 때문이다. 우리나라는 지정학적으로 대내외 변수가 많다. 이렇게 작은 나라니 큰 열강들 사이에서 그들의 상황에 따라 일희일비하고 있다. 우리나라에 가장 영향을 많이 미치는 나라는 북한이다. 북한과 대치 상황이라 우리나라는 항상 위험성이 존재하고 있다. 사람들은 위험에 투자하지 않는다. 주가가 올라가려 해도 안전에 위협을 받는 나라라서 항상 눌린다. 미국과 중국의 영향도 많이 받는다. 두 나라가 갈등을 겪기만 해도 우리나라 주가는 출렁인다. 일본도 우리나라에 영향을 많이 준다. 최근에도 일본이 우리나라를 수출 혜택을 주는 대상에서 제외한다는 일본 수상의 발표에 주가가 하락하고 있다.

만약, 우리나라가 통일이 된다면 주가는 어떻게 될까? 통일이 우리나라의 미래 가치를 크게 높여줄 것이라는 미국 신용평가회사의 분석보고서가 있었다. 평화롭게 남북통일만 된다면 우리나라의 위상은 높아질 것이다. 남한의 우수한 인력과 북한의 거대한 자원이 만나 성장한다면 무한한 기대를 할 수 있다. 그렇게 되면 현재 우리나라 기업들은 대부분 성장할 것이다. 전기. 전자회사, 건설회사, 시멘트 회사, IT회사 등 다양한 분야의 기업들이 북한으로 진출할 것이다. 그 회사들의 주가는 상향할 것이고 그 회사에 장기 투자한 주주들은 큰 이익을 보게 된다. 주주들의 노후는 밝을 수밖에 없다.

넷째, 우리나라도 선진국형 주식 투자형으로 가고 있다. 미국은 직장인들이 회사 연금으로 노후 대비가 충분하지 않다는 것을 알고, 주식을 사서 장기 보유하도록 제도를 만들었다. 매월 10%의 월급을 떼서 정기적으로 펀드에 투자하는 것이다. 20-30년 장기 보유하면 세금도 깎아주고 그 수익률이 엄청나서 노후에는 가난에 쪼들리지 않고 여유로운 삶을 살 수 있도록 하고 있다.

우리나라도 그런 제도가 절실히 필요하다. 우리나라 노인들의 노후 준비율은 턱없이 부족하고 가난한 노인층이 계속 증가하고 있다. 국가에서 시스템으로 노후 대비 프로그램을 만든다면 퇴직한 노년층의 노후가 안정되고 풍요로울 것이다.

주식투자에 대한 나만의 생각

그렇다면 투자 유형과 투자 종목은 어떻게 하는 것이 좋을까. 투자 유형은 장기 투자가 답이다. 단기 투자를 해본 경험으로 개미들, 특히 직장인 개미들은 실시간 주식 투자를 하기가 어렵다. 근무 시간에 눈치를 보면서 단기 매매를 하더라도 수익률이 높지 않고, 본업에 지장을 주기 때문에 권장할 것이 못 된다. 매월 급여에서 절약을 해서 적립식으로 매수를 한다. 그러기에는 개별 종목보다 펀드가 좋다. 하지만 펀드는 운용회사나 펀드 매니저들에게 운용 수수료가 많이 지급된다. 투자자에게는 비용이 많이 발생하는 것이다. ETF는 펀드의 장점과 주식 투자의 특징을 함께 가지고 있는 상품이다. 적은 액수의 돈으로 코스피 전체 종목에 투자할 수 있는 기회를 가지게 된다. 장기적으로는 레버리지로 주가의 우상향을 기대하고, 일시적인 하락이 올 때는 단기적으로 인덱스 투자를 하여 하락 시에도 수익을 낼 수 있다.

주식 투자 자금 마련은 어떻게 해야 하는가. 장기 투자를 할 때 대출이나 신용을 쓰는 것은 절대 안 된다. 대출이나 신용 기한에 신경이 쓰여 여유로운 투자를 할 수 없기 때문이다. 매월 급여에서 소비할 것을 절약해서 투자를 해야 한다. 또 묻지마 교육비나 고가의 자동차 구입 같은 것을 줄이거나 아껴서 투자해야 한다. 생각해보면 그런 것들은 이미 우리가 부자가 된 것처럼 소비를 하는 것이다.

주식 투자에 대한 공부를 해야 한다. 공부하지 않고 덤비면 백발백중 실패한다. 주식 투자의 기본과 세계 경제 흐름이나 환율과 물가의 흐름을 파악하고 있으면 투자 시기를 가늠할 수 있다. 주식 공부, 특히 ETF에 대한 정보를 얻고자 한다면 『주식투자 이렇게 쉬웠어?』(김이슬)와 『왜 주식인가?』(존 리)를 추천한다.

매월 주식을 저축하는 것은 재테크 행동의 기본이다. 소비를 줄여서 주식을 저축하는 것이 우리의 노후를 풍요롭게 해줄 것이다.

06

부자들의 비법을 따라 하라

부자들의 재테크는 다르다

"나는 여러분에게 마땅히 부자가 되어야 한다고 말합니다. 우리에게는 가난해질 권리가 없습니다. 부유하게 살지 못하고 있습니까? 그렇다면 다른 어떤 불행보다 2배로 불행한 것입니다. 풍족한 삶으로 우리를 데려다줄 확실한 방법이 우리 눈앞에 분명히 존재하고 있기 때문입니다."

– 러셀 H. 콘웰

부를 싫어하는 사람은 없다. 단, 불교나 극한의 종교를 가지고 있는 사람들은 제외한다. 그러나 부자들을 좋아하는 사람은 적은 편이다. 부자들에 대한 편견이 있기 때문이다. 우리가 그동안 보아온 나쁜 부자들의 모습이 뇌리에 박혀 있어 부자에 대한 긍정적인 생각을 방해한다. 언론에 비치는 갑질하는 부자, 서민들이나 노동자들을 착취하는 부자, 가난한 사람들 등 뒤에 비수를 꽂는 부자 등등 나쁜 부자 유형은 많다.

부자들에 대한 부정적인 생각을 가지고 부자가 될 수 있을까. 될 수는 있겠지만 적극적으로 부자가 되고 싶은 생각을 하기는 쉽지 않을 것이다. 제대로 알고 나면 착한 부자가 더 많다. 선한 부자는 당연시되어 세상에 회자되지 않기 때문에 적다고 느끼는 것이다.

재테크의 출발은 생각의 전환이다

부자들의 재테크 방법은 무엇이 다를까.

첫째, 의식 개혁이다. 인간의 상상은 세상을 만들어가는 원동력이다. 비행기, TV, 컴퓨터 같은 제품을 만들 때 우연히 뚝딱 만들어진 것이 있는가? 없다. 마찬가지로 부도 어느 날 우연히 로또에 당첨되는 것 같이 잘 일어나지 않는다. 로또마저 로또를 사는 정성이 필요하고, 계속 사는 지속성이 필요하다. 부자가 되고자 하는 정신, 상상, 의식이 가장 먼저 필요하다.

그동안 나는 부에 대한 욕심 없이 살아왔다. 돈은 있다가도 없고, 없다가도 있는 것이라 생각했다. 돈은 돌고 도는 것이라 여겨 필요한 사람에게 주었다. 은행에서 대출까지 해서 주고 그 사람이 못 갚으면 내가 갚으면 된다고 생각했다. 그러면서 나는 돈을 많이 벌거나 큰 부자가 되는 것을 간절히 상상하지 않았다. 그저 막연히 '돈이 많으면 좋겠다'고 생각했을 뿐이다. 그 정도로는 부자가 될 수 없다. 그런 의식으로 부자가 된다면 세상에 부자 아닌 사람이 있겠는가? 날마다 이렇게 외쳐라.

'나는 세상이 필요로 하는 위대한 가치를 가지고 있다. 내 능력은 최고다.'

둘째, 꿈과 목표를 세워야 한다. 꿈은 인간에게 가장 중요하다. 확고한 꿈을 가지고 있는 사람들은 그렇지 않은 사람들보다 많은 성과를 내면서 행복지수도 높다. 꿈은 인생길의 목적지이다.

『베로니카, 죽기로 결심하다』(파울로 코엘료)에 보면 주인공 베로니카가 자살을 시도하는 장면으로 시작한다. 20대의 젊은 여성인 베로니카는 부모님도 계시고, 남자친구도 있고, 직장도 좋다. 그러나 모든 것이 안정되고 다 이루어졌다고 생각하는 순간, 주인공은 삶의 의미를 잃어버린다. 왜 살아야 하는가 하는 삶의 목표가 없어진 것이다. 길을 떠났으나 갈 곳이 없어서 방황하다가 여행을 포기하는 것이다. 이 책의 첫 장면에서 나는 충격을 받았다. 인간에게 삶의 이유가 중요하다는 생각이 들었다.

처절한 인생 실패에서 꿈과 목표를 갖고 성공한 사람이 있다. '한책협' 의 김태광 대표이다. 그는 직장에서 해고당하고, 아버지가 돌아가신 후 빚더미에 올랐다. 아버지의 장례식장에서 그는 성공해야 할 목표를 정한 다. 책을 써서 아버지가 남긴 빚을 다 갚고, 어머니를 잘 모신다 등등.

몇 년이 지나지 않아 그는 목표를 다 이루어내었다. 그 후 불과 7년 만 에 100억 부자가 되어 페라리, 람보르기니를 타는 성공자가 되었다. 그 의 성공 비결 중 하나는 명확한 목표의식이었다. 명확한 목표를 가지고 있는 사람과 왜 사는지 몰라 하루하루를 보내는 사람은 결과에서 큰 차 이가 날 수밖에 없다.

목표를 말로 하고 적고 시각화하는 것도 지름길로 가는 방법이다. '스 노우폭스'를 창업하여 몇천 억대의 부자가 된 김승호 회장은 자신이 하고 싶은 일이 있으면 100번씩 종이에 적었다고 한다. 결혼부터 사업을 키우 는 것까지 100번 적기를 실천하였다고 한다. 100번을 적는 것은 자신에 게 엄청난 각인을 시키는 것이다. 반드시 이루어지는 마법의 방법이 100 번 적기이다.

셋째, 시스템을 구축한다. 시스템을 만든다는 것은 파이프라인을 구축 하는 것이다. 내가 돈을 벌기 위해 열심히 일을 해야 하는 것이 아니다. 돈이 돈을 벌기 위해 열심히 일하게 만들어야 한다. 수입은 내가 노력한 시간과 비례하는 것이 아니다. 고부가가치의 일은 적은 시간을 일해도 자산, 시스템, 소프트웨어, 정보와 지적재산권, 사람과 공정을 통해 수천만 원의 수입을 올릴 수 있다. 손과 땀이 아닌, 비전과 지식을 활용하여 똑똑하게 일해야 한다. 시간과 교환하는 돈이 아니라 시간을 지켜주는 자산에 투자해야 한다. 다른 사람의 시간을 활용하고, 당신의 시간을 모두 쓰지 말아야 한다.

김승호 회장의 성공 비결이 바로 시스템 구축이다. 그는 미국에서 사업을 시작하여 7번이나 크게 실패를 하였다. 각기 다른 사유로 실패를 하였고 마지막에 성공하였다. 미국에서 김밥과 초밥을 파는 매장 시스템을 개발한 것이다. 그리고 그는 자신의 사업에 직원을 고용하지 않았다. 김 회장과 매장 임대주는 착취 구조가 아니라 동업자 관계이다. 임대주들이 동업자 관계이니 회사 수입이 늘수록 자신의 수입도 늘어나고, 당연히 열심히 일할 수밖에 없다. 그는 회사 7개도 7명의 사장을 세워 위임해놓았다. 그가 회사 경영에 결정권을 행사하는 경우는 단 3가지다. 증자에 관련된 것, 임원 인사, 신규 사업 진출이다. 그는 이렇게 말한다.

"나는 생존하기 위해서뿐만 아니라 내 인생의 자유를 얻기 위해서 사업을 한다."

켈리 최는 그의 사업 방식을 벤치마킹하여 프랑스에서 사업에 성공했다. 그녀도 사업의 실패로 10억의 빚을 지고 최악의 극단적 생각을 했었다. 그러다가 어머니 생각을 하면서 실패에 무너지지 않고 새로운 사업을 위해 1년 동안 준비를 했다. 그가 찾은 멘토는 바로 김승호 회장이었다. 그녀는 그에게 사업 방식을 알려달라고 했다.

김 회장은 다른 사람들과 다른 요청을 하는 최 회장을 적극적으로 도와주었다. 보통 사람들은 김 회장에게 사업체 하나만 운영할 수 있게 해달라고 요청하는데 최 회장은 사업 방식을 알려달라고 하니 그것이 특이해서 사업을 하도록 멘토링을 했다고 한다. 10억 빚을 졌던 그녀는 불과 7년 만에 연매출 5천 억을 이루어낸다. 스노우폭스의 방식을 벤치마킹하여 프랑스의 까르푸 매장에 초밥 매장을 만들어 운영하여 대박을 터뜨린 것이다. 사업을 하고자 하는 사람들은 이 말을 새기자.

"하루 8시간씩 열심히 일하다 보면 결국엔 사장이 되어 하루 12시간씩 일하게 될 것이다. 당신은 자유를 사기 위해 자유를 팔고 있다."

넷째, 기부와 나눔 실천이다. 사람들은 부자를 선한 부자와 나쁜 부자로 나눈다. 선한 부자는 부를 이루는 과정에서도 착하고, 성공한 후에는 기부와 나눔을 실천하여 세상에 선한 영향력을 끼치는 것이다. 부자가 되어 부를 누리고 그 부를 베푸는 기쁨을 누리는 것이 인간의 가장 큰 행복이다. 이것이 우주의 원리이다. 돈을 벌어서 자꾸 베풀고 나누면 자신이 더 부하게 되고 더 잘되는 것이 우주의 법칙이다.

"벌 수 있는 한 벌어라. 아낄 수 있는 한 아껴라. 줄 수 있는 한 주라."

"돈이란 우리가 교환하는 생명 에너지, 그리고 우리가 우주에 봉사한 결과로 사용하는 생명 에너지의 상징입니다."

"더 많이 줄수록 더 많이 받을 것입니다. 우주의 풍요로움이 우리의 삶 속에서 계속 순환할 수 있기 때문입니다."

– 존 웨슬리

부자가 되려면 부자의 방법을 훔쳐야 한다. 지금까지 실패했던 자신의 방법을 계속 반복하는 것은 실패의 지름길이다. 주위에 자신을 이끌어줄 부자가 있는가. 그에게 멘토가 되어달라고 부탁하자. 그의 노하우를 훔쳐 부의 추월차선에 올라타자.

- 09 -

『왕의 재정』

김미진, 규장

재물의 노예가 되지 않고 재물을 노예로 다스리라.

재물을 보물처럼 소유하지 말고 관리하라.

생활에서의 거품을 빼라. 있는 것만큼 사용하는 겸손을 훈련하라.

겸손은 자기 분수를 아는 것, 내가 가진 만큼 쓰는 것.

저자는 안경사업을 하다가 망해서 거액의 빚을 지게 되었다. 제주도에 내려가 살면서 자신이 가진 만큼만 쓰는 훈련을 한다. 중학생 아들도 있는데 하나님이 허락하지 않으면, 즉 누군가 다른 사람이 주지 않으면 고기나 음식을 사 먹지 않았다. 가지고 있는 고추장, 된장, 간장, 소금, 기름 같은 기본적인 양념으로 버텨내기도 한다.

이 책은 빚이 있으면서도 살 것 다 사고 먹고 싶은 대로 외식하면서 지냈던 내 생활을 크게 반성하는 계기가 되었다. 그리고 근검절약하는 생활을 하는데 전혀 힘들지 않았다. 빚을 갚고자 노력하는 사람들에게는 큰 깨달음을 주는 책이다.

부에 대한 죄책감을 버려라

그동안 다른 사람의 시선을 의식했다

"돈을 사랑함이 일만 악의 뿌리다."

"부자가 천국에 들어가는 것이 낙타가 바늘구멍에 들어가는 것보다 어렵다."

"마음이 가난한 자는 복이 있나니 저들이 천국을 볼 것임이요."

성경의 이런 문구들은 그대로 사람들의 뇌리에 박혀 있다. 기독교인들은 부자가 되는 것은 지옥으로 가는 지름길이라 생각하고 가난하게 무소유로 사는 것이 바람직한 삶이라 생각하기도 한다. 과연 그럴까.

우리 사회의 직업군 중에서 가장 청빈하게 살기를 요구받는 사람들은 공무원이다. 그중에서 교사는 일반 공무원보다 더욱 높은 청렴의 잣대로 저울질당한다. 마땅히 그래야 한다. 업무를 추진하는 과정에서는 당연히 그렇게 해야 한다. 업무 추진 과정에서 청빈하게 하지 않고 돈에 따라 잣대를 달리한다면 우리 사회가 무너질 수밖에 없다. 공무원들이 뇌물을 받고 허가를 해준다거나, 교사들이 돈을 벌기 위해 성적 비리를 일으킨다면 우리 사회는 무너질 것이다. 공정한 규칙이 없고 빈부에 따라 이미 결과가 정해지기 때문이다. 사람들이 정당한 노력의 정당성을 잃게 되어 요령과 술수만 찾게 된다.

한 사람의 일생에서도 그래야 할까. 공무원이라고, 교사라고 해서 개인적으로 부를 쌓는 것을 죄스러워한다면 그 사람은 인생의 목표를 세우기 어렵다. 그 직업군의 사람들이 선천적으로 타고난 성인군자라면 모를까. 성인군자가 아닌 평범한 사람이라면 크고 작은 목표를 세우고 그것을 달성해가는 과정에서 성취감을 느끼게 된다. 성취감은 자신감이나 자존감을 높여준다. 자신이 뭐든지 할 수 있다고 믿는 믿음, 자신이 매우 귀한 존재라고 생각하는 마음이 인간을 인간답고 행복하게 하는 원동력이 되는 것이다.

어릴 적부터 나는 큰 부자가 될 것을 생각한 적이 없었다. 소백산 자락의 산촌에서 태어났고 부모님은 농사일로 8명이라는 대식구를 거둬야 하는 상황이다. 초등학교부터 공부하기를 좋아했던 나는 시간이 있으면 공부를 하거나 책을 읽었다. 한여름 뙤약볕에도 밭에 나가서 일하시는 부모님을 생각하면 가슴 한 켠이 짠했다. 새벽 4시부터 일하시는 부모님을 생각하면 자다가도 벌떡 일어나서 공부를 했다. 공부하며 가장 힘들었던 때는 고3 시절이었다. 이제 고3이 되었으니 불철주야 공부를 해야 하는데 집중이 잘되지 않았다. 잠도 안 자고 열심히 해야 한다는 생각만이 머릿속에 맴돌 뿐이었다. 그래도 부모님을 기쁘게 해드려야 한다는 생각으로 힘든 시기를 버텨냈다.

직업을 선택할 때도 사회적으로 인식이 좋은 교사를 선택했다. 5남매를 위해 고생하시는 부모님을 기쁘게 해드리려 했다. 당시에 시골에서는 딸들을 고등학교 보내는 것도 망설이는 집이 많았고 대학은 드문 일이었다. 집안 형편이 좋아도 딸들을 대학까지 보내면 결혼시키는 데 지장이 있을지 모른다고 걱정하던 시절이다. 내가 교사가 되어 시골의 모교로 발령을 받았을 때 우리 부모님의 자부심은 가장 높아지셨다.

속으로는 부자가 되고 싶다고 생각했다. 그러나 그것을 간절히 꿈꾸고 철저히 준비하지는 못했다. 그러다 보니 마음 한구석에는 부자에 대한 미련이 있어서 이것저것 하다가 다 말아먹고 결국 사기까지 당하고 만 것이다. 나는 돈이나 부와는 거리가 먼 사람이라고 생각했다. 역시 돈은 아무나 버는 게 아니라면서.

돈이 있으면 삶이 달라진다

엄마가 아프셨을 때 자연치료원에 몇 달 계셨다. 치료비와 생활비가 월 200만 원 정도 들었는데 보험회사에서 반 정도를 돌려받을 수 있었다. 그곳에 가시고 몇 개월 지나자 엄마의 상태는 상당히 호전되었다. 문제는 돈이었다. 빚만 2억 있는 상황에서 엄마를 위해 100~200만 원이나 하는 치료비를 감당할 수 없었다. 다른 동생들도 마찬가지였다. 제주도에 있는 두 동생은 사업을 하고 있지만 대출을 끼고 있어서 선뜻 그들에게 말을 할 수 없었다. 남동생은 그때도 건강이 안 좋아서 자기 몸도 못 가눌 정도였고, 막냇동생은 형편이 가장 어려운 상황이었다. 5남매는 70이 다 되신 아버지를 바라볼 뿐이었다. 아버지는 생활력이 강하셔서 그 상황을 다 감당하셨다. 누구에게 어렵다는 말씀 한 번 안 하셨다. 보험 급여 약관에는 연간 입원 일수 제한이 있었다. 엄마는 집에 와서 몇 달 계시다가 다시 가겠다면서 나오셨다. 그리고 힘든 일상생활과 적절한 치료를 하지 못하셔서 다시 일어나지 못하셨다. 암 발병 1년 6개월 만에 하늘나라로 가신 것이다.

돈이 없으면 가정불화가 일어나는 건 흔한 일이다. 주위에 가까운 사람들이나 이웃의 이야기를 들어도 돈 때문에 불화가 생기고 비극적인 싸움도 일어난다. 부모님 장례식장에서 돈 때문에 형제들이 싸운다는 이야기도 종종 들린다. 자식들이 부모님이 살아계실 때 재산을 증여받으려고 대놓고 요구하는 경우도 많다. 그런 상황을 보면서 우리 부모님은 차라리 돈이 없어서 자식들이 싸우지는 않겠다며 스스로 위안을 삼기도 했다.

지금도 나에게 돈이 많다면 우리 가정이 좀 더 행복해질 것이다. 남동생은 지금 당뇨합병증으로 심각한 상황이다. 5월에는 갑자기 고혈당과 저혈당으로 반복적으로 쇼크가 와서 병원에 입퇴원을 반복했다. 결국 신장 기능이 급격히 떨어지고 만성신부전증이 악화되어 급성 투석을 할 수밖에 없었다.

동생이 입원한 다음 날 밤 11시 30분쯤 병원에서 전화가 왔다. 환자가 자꾸 돌아다녀서 보호자가 꼭 필요하다고. 바로 달려갔더니 사람의 의식이 이상했다. 침대에 가만 있지 못하고 계속 돌아다니고, 다음 날은 하루 종일 병원 복도를 돌아다녔다. 말도 어눌하고 걸음도 비틀거려서 부축을 꼭 해야만 했다. 잠을 전혀 자려고 하지 않아서 수면제를 처방해도 잘 듣지 않았다. 다음 날은 다리에 힘을 쓸 수가 없었다. 그러나 답답하다고 자꾸 일어나고 침대에서 갑자기 내려오고 실랑이를 하고. 이틀 동안 소변을 못 보고 있었다.

의사에게 왜 그러냐고 물었다. 요독증인 것 같다고 한다. 어떻게 해야하냐고 물으니 신장투석을 해야 한다. 요독증을 폭풍 검색했다. 소변이 나가지 못해 그 독소가 온몸에 퍼지는 것으로 부작용이 심각했다. 내분비계 이상, 면역기능 이상, 두통, 기억장애, 심부전, 경련, 혼수, 신경불안 등 20여 가지가 넘는 증세가 있었다. 도저히 정상적인 사람이라고 볼 수 없고 자꾸 심각해졌다. 투석을 어떻게 하냐고 했더니 제천에서는 급성 투석을 할 수 없으니 청주로 가라고 했다. 응급차로 청주까지 이동하는 2시간 동안 동생은 화장실 가고 싶다고 괴성을 질렀다. 배는 복수가 찬 것처럼 빵빵하게 부풀어 올랐다. 청주에 도착하여 소변을 빼니 1.5리터. 페트병 하나에 거의 차는 양의 소변이 나왔다. 그 뒤로 주 3회 투석을 실시하고 있다. 막냇동생네도 상황은 여전하다. 아니 점점 더 나빠지고 있다. 제부의 건강은 나빠지고 불화는 더 심해지는 것이다.

돈이 있다면 남동생을 자연식 치료원으로 보내 건강식사를 하는 훈련을 하겠다. 2주 정도에 200만 원 정도 한다. 그런 곳에 가면 추가로 들어가는 치료법이나 음식들이 있다. 동생이 잘 챙겨 먹기만 한다면 비싸도 사주고 싶은 것이 누나의 마음이다. 돈이 많다면 막내네의 경제 문제를 해결해주고 싶다. 제부도 치료를 더 받게 하고 싶고. 부자가 된다면 아버지를 농사일에서 구해드리고 싶다. 79세 노인이 혼자 10단의 담배 농사를 지으신다. 거기에 콩이나 감자, 배추 농사도 같이 하신다. 이틀 후부터는 용역회사에서 한밤중에 담배를 따러 온다. 봉고차 한 대로 8명이 한 조가 되어 일을 한다. 이마에 랜턴을 하고 담배잎을 따서 행거에 걸고 건조장에 넣기까지 하고 돌아간다. 아버지는 오늘 같은 날에도 4시에 나가셨다. 뙤약볕에도 쉼 없이 일하신다. 아버지를 편하게 모시는 것이 꿈이다.

돈 자체가 나쁜 것이 아니다. 돈에 대한 부정적인, 가난한 생각이 나쁜 것이다. 그동안 잘못된 편견으로 살아왔던 과거를 다 버리고 부에 대해 바른 개념을 가질 것이다. 돈을 많이 벌어서 내 가족 중에 가난한 사람이 없게 할 것이다. 가족들의 경제 문제가 해결되면 친척들의 문제를 해결해줄 것이다. 친척들이 다 잘살게 되면 지역 사회를 돌아보고 나아가 사회 복지를 위해서도 힘쓸 것이다. 거부가 되면 전 세계 기아 퇴치를 위해 힘을 보탤 것이다.

푼돈은 아끼고, 큰돈은 써라

세계적인 부자들은 돈을 어떻게 쓸까?

돈이 많으니 원하는 대로 마구 쓸 것 같다고 생각하는가? 천만의 말씀이다. 세계적인 대부호 워런 버핏은 "눈 앞의 100달러보다 호주머니의 1달러를 아껴라."라고 말했다. 워런 버핏에 대한 책을 쓴 레이놀즈는 그에 대해 3가지가 없다고 말했다.

'세계 최고 부자 워런 버핏에게 없는 것은 3가지가 있다. 그는 경호원이 없고 운전기사가 없고, 집 관리인이 없다. 버핏은 자신에게 필요 없는 것이 아니라면 사치라고 생각한다. 오마하 사람들이 그를 좋아하는 이유는 그가 부자티를 절대로 내지 않기 때문이다.'

워런 버핏은 지금도 한국 돈으로 6억 원 정도 되는 아파트에서 살고 있다. 주 2회는 햄버거로 점심을 떼우고 있다. 12달러 미용실에서 이발하고 20달러도 안 되는 스테이크를 즐긴다고 한다. 1년에 1번씩 버크셔 헤더웨이 주주총회의를 할 때마다 전 세계에서 온 주주들은 긴 줄을 서서 햄버거를 사 먹는다. 하나의 의식처럼 자리 잡힌 그 행사는 버핏 회장의 마인드를 잘 보여주는 사례이다.

현대그룹을 세운 정주영 회장의 절약 정신은 유명하다.

'몸으로 품 팔아 번 돈을 낭비하고 싶지 않았다'며 회사벽에 '근면, 검소, 친애'라는 글을 붙여놓았다.

"사치하고 부패하는 사람들이 몰려 있는 회사 치고 잘되는 회사 없고, 사치하는 지도자가 있는 나라 치고 안 망한 나라가 없소. 그 사치가 싫어서 사훈을 검소로 한 거요."

그의 절약의 이유를 이해할 수 있는 말이다. 자수성가한 부자들의 공통점 중 하나가 '푼 돈을 아끼는 것'이다. 밥 한 끼를 잘 사지 않고 단돈 1달러도 아끼는 것이 그들이다.

페이스북 창시자 마크 주커버커도 실천하는 미니멀리스트라고 한다. 그도 스티브 잡스처럼 편안한 옷차림에 같은 옷을 입는다. 그 이유를 묻자 그는 "세상을 더 낫게 만드는 고민 이외 다른 결정은 최소한으로 하고 싶다."라고 대답했다.

이케아를 창설한 잉그바르 캄프라드 회장도 짠돌이로 유명하다. 그는 어릴 때부터 용돈을 벌었는데 그때 나이는 겨우 5세였다. 고모가 도시에서 사다준 성냥 100갑을 1갑씩 비싸게 팔았다. 그는 그렇게 '성냥팔이 소년'으로 자신의 꿈을 키우면서 절약을 실천하였다. 세계 4위의 부자가 되었어도 그는 '상상할 수 없는 구두쇠'로 살고 있다.

"1원을 절약하면 1원을 벌 수 있다."
"자원을 낭비하는 것은 도덕적으로 큰 죄를 짓는 일이다."

그는 경로우대증으로 지하철을 이용하고 15년 된 중고차를 몰고, 호텔에 묵을 때 주는 메모지와 볼펜을 챙긴다. 숙박비에 그 비용이 포함되어 있다는 것이 그 이유이다. 생활필수품을 1년 딱 한 번, 성탄절 직후 세일할 때 이케아에서 구입하는 것은 유명한 이야기다. 이케아 매장에서는 이면지를 사용하고 임원도 이코노미석만 이용한다.

이클레어 창립자 제럴드 수의 절약 정신을 보자. 중국인인 그는 세계 곳곳에 저택, 개인 제트기까지 소유하고 있다.

"회장님의 돈 쓰는 철학은 무엇인가요?"

기자가 질문했다.

"당신은 당신의 돈뿐 아니라, 남의 돈도 그 못지않게 아끼나요? 남의 돈을 많이 절약하는 데 아이디어를 기울이십시오. 그것이 바로 부자 마인드입니다. 진짜 부자들의 절약 마인드는 내 것만 바들바들 떠는 것이 아니라 남의 재산도 내 것만큼 아니, 내 것보다 존중해주는 것입니다."라고 대답했다.

부자들은 기부를 통 크게 한다.

세계 부자들이 이렇게 짠돌이라는 것은 놀랍다. 그러면 그들은 전혀 돈을 쓰지 않는 것일까. 아니다. 그들에게는 통 큰 기부가 있다. 그렇다면 그들은 돈이 많아서 기부를 하는 것일까?

"버크셔 해서웨이 최고경영자 워런 버핏은 지금까지 우리 돈으로 28조 7천억을 기부했는데, 올해도 3조 2천억 원어치의 주식을 내놓겠다고 밝혔습니다."

"기부왕으로 불리는 빌 게이츠는 1994년부터 무려 350억 달러, 우리 돈으로 40조 원을 기부했습니다. 40조는 20년 동안 단 하루도 빠지지 않고 매일 55억 원씩 기부를 해야 가능한 돈입니다."

"사우디아라비아의 빈 탈랄 왕자가 전 재산 36조 원을 기부하겠다는 뜻을 밝혔다."

"우리나라에서는 조창걸 한샘 명예회장이 전 재산의 절반인 4,400억 원어치의 주식을 내놓기로 했다."

2015년의 기사 내용이다. 세계의 억만장자들이 이렇게 기부를 많이 하는 이유는 무엇일까? 돈이 많아서일까. 사우디아라비아의 알왈리드 왕자는 "30년이 넘는 종교적 신념 때문이다."라고 했다. 이슬람 금식 기간인 라마단 기간에 기부 발표를 하면서 이슬람교의 가르침을 따르는 것이라 한 것이다.

빌 게이츠와 워런 버핏은 "많은 재산은 오히려 자녀의 미래를 망친다."라고 하면서 재산을 자식에게 물려주지 않겠다 하고 기부를 시작했다.

특히 워런 버핏은 전 재산의 99%를 기부하겠다고 밝히고 기부 행보를 이어가고 있다. 2019년 7월 1일 버핏 회장은 36억 달러(약 4조 1598억 원)어치 버크셔 해서웨이 보유 주식을 5개 재단에 기부한다고 밝혔다. 5개 재단은 빌&멜린다 게이츠 재단, 수잔 톰슨 버핏 재단, 셔우드 재단, 하워드 G. 버핏 재단, 노보 재단이다.

버핏 회장은 2006년 자신이 보유한 버크셔 해서웨이 주식 전부를 자선단체에 기부하겠다고 밝혔다. 지금까지 버크셔 해서웨이 보유 주식의 45%인 340억 달러(39조 2870억원)를 기부했다.

빌 게이츠와 워런 버핏은 자신들의 재산 기부에 이어 2010년 억만장자들에게 재산의 절반 이상을 사회에 환원할 것을 호소하는 기부 약속 운동 '더기빙(The Giving Pledge)'을 시작했다.

"운 좋게도 큰 행복을 누리며 살아왔다. 그래서 사회적 책임감을 무겁게 느낀다."
"자선 활동 자체와 자선 활동의 효과에 대한 사회적 관심을 높이는 것이 목표이다."

빌 게이츠가 한 말이다. 기부 서약으로 세계 14개국 137명의 부자가 재산 환원에 동참하겠다는 뜻을 밝히게 되었다.

"대부분 늙어서야 사회에 보답하려고 하는데 반드시 해야 하는 일을 굳이 기다릴 필요가 있나? 딸을 사랑해서이기도 하지만 다음 세대 모든 어린이를 위한 도덕적 의무이기도 하다."

마크 주커버그의 말이다. 그는 딸 출산을 기념하여 기부를 선언하며 "사람들이 잠재력을 실현하도록 돕고 평등을 장려해야 한다."라고 말했다.

"자녀에게 부모의 사랑을 확인시켜주는 가장 좋은 방법은 아이들을 위해 더 나은 세상을 만들려는 단체를 후원하는 것이다. 나의 기부로 다른 사람의 기부 의식을 고취시킬 수 있다."

뉴욕 시장을 지냈던 마이클 블룸버그는 교육부문과 비영리단체에 큰 금액을 기부했다. 모교인 존스홉킨스대학에 2조 원이 넘는 돈을 기부하며 저소득층 학생을 위한 재정 지원 프로그램이라고 밝혔다. 그는 "훌륭한 자격을 갖춘 고등학생들이 부모의 통장 잔고 때문에 대학 입학 문턱에서 좌절하는 일이 있어서는 안 된다는 데 모두 동의하겠지만, 안타깝게도 이런 일은 항상 일어나고 있다. 대학이 입학 사정을 할 때 지원자들이 등록금을 낼 형편이 되는지를 고려하지 않는 경우는 거의 없다. 그 결과 중하층 출신 지원자들은 종종 입학이 거부되곤 한다. 돈이 없다고 대학에 입학하지 못하는 것은 기회의 균등을 훼손하며, 부모 세대에게 물려받은 빈곤을 영구화한다."라고 주장하며, "미국인들이 '아메리칸 드림'을 이루도록 하는 데 기회의 평등을 제공하는 것보다 더 좋은 투자는 없다."라고 밝혔다.

세계의 거부들이 푼돈은 아끼고 큰돈은 기부하고 있다. 그들은 자신의 기부 행위가 사회에 선한 영향력을 끼쳐 세계 평화에 이바지하고자 한다. 종교적이든, 개인적인 신념이든 그들이 기부 모범이 전 사회, 전 세계로 확산되어야 한다. 그래야 사람들은 부와 부자에 대한 선입견을 깨고 부의 추월차선을 타기 위해 노력할 것이다.

– 10 –

『빚지기 전에 알았더라면 좋았을 것들』

백정선, 김의수, 미디어윌

빚에 끌려다니지 말고 돈의 주인이 되라

– 수입의 액수가 빚을 좌우하진 않는다

– 첫 출발은 최대한 낮은 단계부터 하라

– 인간관계에 쓰는 돈도 총액을 정해놓아라

– 서로 기대고 위로받는 커뮤니티를 찾아라

– 가족, 돈에 대해 같은 관점을 갖는 사람들이다

– 용돈으로 뜨거운 맛본 아이, 돈 관리 개념이 생긴다

– 20세면 자녀를 경제적으로 독립시켜라

– 노부모의 재무 컨설턴트가 되라

– 집안일 돕는 남편, 가계부를 웃게 만든다

– 가족 대화의 날, 고급 레스토랑에 갈 필요가 없다

재정 전문가가 쓴 책이라 돈 관리 전반에 관한 내용을 다루고 있다. 빚 갚는 과정도 단계적으로 정리를 해놓아서 빚을 갚고 돈을 벌고자 하는 사람들에게 유익한 내용이 많다.

　나도 빚을 갚기 위해 방법을 찾다가 이 책에서 도움을 많이 받았다. 빚에 눌려 정말 힘든 사람들은 합법적으로 빚을 줄여주거나 탕감해주는 정책의 도움을 받는 것도 권하는 바이다.

세계의 거부들은 푼돈은 아끼고 큰돈은 통 크게 사용한다.

4장

누구나 가능한
재테크 독서
실천법

꼭 읽어야 할 책은 3권이다

말버릇을 먼저 바꾸어라

재테크를 시작하면서 해야 할 가장 기본적인 행동은 독서다. 책으로 의식을 고양시키고, 책을 통해 재테크 방법을 찾고, 책 읽기로 지속가능한 부의 창출을 해야 한다. 각 분야별 한 권씩 총 3권을 소개하고자 한다.

먼저 말버릇을 변화시키는 책이다. 김석준 '한국부동산투자아카데미' 대표가 진행하는 '내집마련 4주 특강'에 참석한 적이 있다. 그중 독서 과제로 나온 책이 『일본의 대부호에게 배우는 돈을 부르는 말버릇』(마유미 미야모또), 『2억 빚을 진 내게 우주님이 가르쳐 준 운이 풀리는 말버릇 1,2』(고이케 히로시)였다.

　내 생에 그렇게 큰 뒤통수를 맞은 적이 없다. 그냥 내뱉는 말들이 그렇게 중요하다는 것을 처음 깨닫게 되었다. 사람들도 그럴까. 난 본능적으로 부정적으로 생각하는 습관이 있었다. 어쩌면 그것을 겸손의 표현으로 생각하기도 했다. '제가 뭘 어떻게 하겠어요?', '나는 왜 이렇게 운이 없지?', '저는 잘 몰라요.' 등등. 그동안 내가 무심코 내뱉었던 말들이 스쳐 지나갔다. 그렇다면 그건 그 상황을 나도 모르게 주문했다는 것이다. 즉 나의 상황이 이렇게 어렵게 된 것은 내가 뱉은 말의 주문 때문인 것이다.

　충격을 받은 나는 책 내용을 녹음했다. 고이케 히로시의 책 1권을 녹음하면서 말의 중요성을 뇌리에 각인하였다. '나도 힘들거나 우울할 때 누군가가 짠~ 하고 나타나서 주의나 경고를 주면 얼마나 좋을까?'라는 생각도 하였다. 말은 생각의 표현이다. 말을 하기 전에 이미 내 생각은 그런 부정적인 성향을 띠고 있었다는 것이다.

　나는 고등학교 3학년 초부터 40대까지 교회를 30여 년이 넘게 다녔다. 성경도 읽고 기도도 했다. 교인들에게 가장 사랑하는 성경 말씀이 뭐냐고 물으면 많이 대답하는 구절이 있다.

"항상 기뻐하라. 쉬지 말고 기도하라. 범사에 감사하라. 이는 그리스도 예수 안에서 너희를 향하신 하나님 뜻이다."

바로 고린도전서 18장의 말씀이다. 아, 그거였다. 교회에서 이 구절을 암송하고, 노래로 부르고, 일반인들도 다 아는 구절이지만 실천하는 사람은 거의 없었다.

말버릇에 관한 책을 보면서 성경 구절의 완결판, 실천편이라는 생각을 했다. '구슬이 서 말이라도 꿰어야 보배다.'라는 말처럼 아무리 좋은 문구라도 실천하지 않으면 소용이 없다. 반면 실행하고 100% 믿는다면 다 이루어진다는 것이다.

부에 대한 개념을 정립하라

재테크를 하려면 부의 개념을 정립해 주는 책을 읽어야 한다. 『부의 추월차선』, 『비즈니스 발가벗기기』, 『백만장자 메신저』를 추천한다. 이외에도 부에 대한 인식을 변화시켜 주는 책들은 많다.

『부의 추월차선』의 내용을 소개하고자 한다. 돈을 기하급수적으로 벌수 있는 구조를 구축하는 데 시간을 몰아서 사용하고(3~5년 또는 그 이상), 그것이 얼마가 걸리든 성공할 때까지 시간을 투자해 이루어내야 한다. 그 구조가 완성이 되면 당장 은퇴하라는 것이다. 기하급수적으로 돈을 벌 수 있는 구조는 사업이다. 핫도그 집을 운영하며, 내가 핫도그를 만들어야만 돈이 된다면 사업이 아니다. 나의 시간을 돈으로 바꾸는 일은 사업이 아니다. 사업은 시스템을 돈으로 바꾸는 것이어야 한다. 핫도그 집을 7개 운영하며 알바만으로 운영하고 자신은 관리만 하고 나머지 시간엔 다른 여가를 즐긴다면 사업이다.

'임대 시스템, 컴퓨터, 소프트웨어 시스템, 콘텐츠 시스템, 유통 시스템, 인적 자원 시스템'

복리에 대해서도 서행차선 위 사람들은 부자가 되기 위해 복리를 활용하지만, 추월차선 위 사람들은 소극적 소득 창출과 자산 유동성을 위해 활용한다. 즉, 서행차선 위 사람들에게 복리는 시간을 돈으로 바꾸는 행위에 지나지 않지만 부자인 추월차선 사람들에게는 복리는 시스템으로 벌어들인 큰돈이 돈을 벌어 생활비를 주는 것이다.

사업을 할 때, 인터넷을 활용하거나, 혁신적인 상품을 개발하거나, 의도적으로 되풀이한다면 효과적이라고 한다. 인터넷 활용은 너무 당연하다. 전 세계인을 대상으로 하는 것이니 판매 개수를 무제한으로 늘릴 수 있다. 혁신적인 상품은 고객의 욕망이나 편의를 충족시키는 상품을 개발해 판매하는 것이다. 의도적 되풀이는 동일한 사업을 여러 개 운영하는 프랜차이즈, 다단계 등을 말한다. 이외에도 부자의 시간 사용법에 대해 많은 얘기를 해주고 있다.

의식을 높여야 한다

가장 중요한 책은 의식 도서이다. 『내가 100억 부자가 된 7가지 비밀』(김도사)을 추천한다. 저자는 '한책협'의 회장으로 자수성가한 부자이다. 이 책은 스펙 하나 없는 무일푼 백수, 알바 인생을 지낸 신용불량자 청년이 100억 부자로 성공한 이유를 밝히고 있다. 그는 지금 페라리, 람보르기니, 벤츠, 포르쉐를 타고 다니며 별다방에서 독서하는 삶을 즐기고 있다.

그는 성공 비결을 7가지로 정리하였다.

1. 꿈을 향해 직진하다
2. 담대하게 도전하다
3. 극한의 순간까지 버티다
4. 비빌 언덕이 없어서 내가 만들다
5. 운의 99%를 스스로 쟁취하다
6. 자신을 믿고, 믿고, 또 믿다
7. 인생의 초점을 미래에 맞추며 살다

이 책을 보는 내내 저자의 삶이 떠올라서 울컥했다. 나는 〈한책협〉에서 그의 코칭을 받았다. 그는 책에서, 수업에서, 강연에서 자신의 힘들었던 시절 스토리를 했다. 여러 번 들어도 짠한 이야기였다. 그러나 그런 어려운 배경이 있기에 그는 성공의 동기를 찾고 노력했다.

어느 순간 결정적으로 그가 찾은 진짜 성공 비결이 뭘까 궁금했다. 세상에 고통과 시련을 겪는 사람들은 허다하다. 하지만 그들이 다 성공을 하는 것은 아니지 않은가. 그만의 성공 비결이 있을 것이다. 그의 성공 비결은 독서를 통한 의식 변화였다. 수천 권의 독서를 통해 그는 자신의 의식을 바꾸고 자신에 대한 믿음을 확고하게 가졌다. 책에서 터득한 방법을 신념을 가지고 실행하였고 시스템을 구축하였다.

그는 목숨 걸고 다른 사람을 도와준다. 그는 자신이 오랜 세월 시행착오를 겪으며 터득한 비법을 아낌없이 공개한다. 사람들은 그 비법을 보고 금방 따라 할 것이라 생각하지만 쉽게 따라 하지 못한다. 코치와 자신을 온전히 믿지 못하기 때문이다. 그는 어려워하는 사람들을 칭찬하고 격려하며 목숨 걸고 코칭한다.

그의 코칭을 받은 사람들은 코치를 믿고 자신을 믿는 사람으로 성장하고 성공한다. 그리고 독립하여 자신의 브랜드를 걸고 또 다른 김도사가 되어 성공하고 있다. 그의 코칭을 받은 사람들 중에는 드러나는 사람도 있지만, 드러나지 않는 사람도 있다. 아직 코칭이나 컨설팅 개념이 제대로 정립되지 않아 누군가의 도움을 받았다는 사실을 숨기려는 사람들도 있기 때문이다.

당신의 의식과 언어를 바꿔주는 책 3권만 읽으라. 당신의 미래는 달라질 것이다.

주말은 책과 함께 보내라

주말에는 무조건 취미활동?

주말은 무조건 캠핑 고고!!!

최근 들어 주말에는 무조건 야외로 나가는 추세이다. 주중에는 도심에서 일하느라 힘들었으니 주말이라도 자연을 즐기기 위해 떠나는 것은 당연히 필요하다. 봄, 여름, 가을, 겨울의 사계절이 뚜렷한 우리나라의 자연을 느끼려면 교외로 나가야 하는 것도 맞다. 봄에는 온갖 꽃이 산과 들을 뒤덮고 있다. 여름에는 계곡과 바다에서 무더위를 식히는 것이 필요하다. 가을 산의 단풍은 또 얼마나 아름다운지 모른다. 겨울의 설경도 지나칠 수 없는 볼거리다. 이렇게 사계절 내내, 주말마다 교외로 나가는 사람들이 점점 늘어나고 있다. 주말마다 고속도로는 넘쳐나는 차들로 교통 체증을 겪는다.

어떤 사람들은 주말마다 취미 활동을 즐긴다. 등산, 골프, 낚시, 운동으로 주말을 다 보낸다. 오죽하면 등산과부, 골프과부, 낚시과부라는 단어가 생겼는지 짐작할 만하다. 자신의 주말을 활용하여 취미나 특기를 살리는 것에 대해 반대를 할 생각은 전혀 없다. 그러나 취미나 특기활동을 하면서 자존감이 높아지고 그 사람들의 행복지수도 당연히 높아질 것이다.

중요한 것은 주말에 서점이나 도서관을 찾는 사람들은 얼마나 되느냐다. 직업군에 따라 어느 정도 차이는 있겠지만 내 주위에는 그런 사람들이 별로 없다. 아예 없다고 말할 수도 있다. 주말에 서점이나 도서관을 찾는 사람들은 특별한 사람들만 가는 곳이라고 여기는 사람들도 많다. 또는 책을 읽어야 하는 직업군의 사람들이 별도로 있다고 생각한다.

아니다. 책은 누구나 읽어야 한다. 주말에 여행을 다니거나 취미 생활을 하더라도 매월 1-2회 정도는 책을 읽으며 시간을 보내는 습관을 들여야 한다.

주말엔 도서관으로 가자

그렇다면 책을 통해 어떤 재테크 정보를 얻을 수 있는지 생각해보자.

첫째, 재테크 의식을 높일 수 있다. 재테크는 흔히 기술이라고 생각하지만 난 재테크의 출발은 의식 개선이라고 생각한다. 재테크를 해야겠다는 생각을 갖는 것이 중요하다. 급여가 아무리 많아도 그 돈을 제대로 관리하지 못하면 돈이 먼지가 되어 날아가버릴 수도 있다. 재테크를 해야하는 이유와 목표를 분명히 해야 한다. 목표가 분명해야 어려움이 생겼을 때 흔들리지 않을 수 있다.

둘째, 자신에게 맞는 재테크 분야를 찾을 수 있다. 사전 정보를 찾지 않고 바로 재테크를 실행한다고 생각해보자. 적금, 주식, 펀드, 부동산 등 다양한 분야가 있어도 자신과 맞는 방법이 있다. 그러니 먼저 각 분야에 대한 책을 몇 권씩 읽어야 한다. 분야마다 개념과 원리가 다르기 때문이다. 주말에 도서관을 찾아 각 분야에서 인정받는 책을 선별하여 읽는다. 만약 그 분야에서 꼭 필요한 책이라면 메모하여 서점에서 구입하도록 한다. 도서관에서 빌려보는 책은 밑줄이나 메모를 할 수 없어 반만 읽는 것 같다. 여러 분야 중에서 자신과 맞는 분야를 선택하여 파고든다. 혹 필요하면 오프라인 강좌를 찾아서 참석하는 것도 권할 만하다. 오프라인 강의를 들어봐야 그 분야에 대한 전문성을 갖출 수 있다.

셋째, 책으로 익히면 재테크의 시간과 공간의 제약이 없다. 우리나라의 재테크법만 배우고 실천하는 것은 우물 안 개구리와 같다. 미국이나 일본에서 앞서 가는 방법들을 먼저 익히는 것은 매우 중요하다. 그 방법이 성공가능성이 높은 방법이라면 우리나라에서도 성공할 확률이 크기 때문이다.

또한 동서양의 유명한 성공자들을 멘토로 모실 수 있다. 성공 의식, 재테크 비법들을 이미 그 분야에서 성공한 사람의 책으로 접할 수 있다. 그 방법이 참신하고 성공확률이 크면 자신의 방법과 바꾸어도 된다. 과거의 스티븐 코비나 나폴레온 힐을 스승으로 모실 수도 있다. 그렇게만 된다면 얼마나 큰 성공을 할 수 있을지, 그 한계는 알 수 없다. 요즘 잘나가는 강사인 김미경 작가나 김창옥 작가의 방법을 내 것으로 삼을 수도 있다. 생각만 해도 심장이 떨려온다.

어떤 이들은 자신이 책과 잘 안 맞는다고 말하기도 한다. 책과 잘 안 맞는다는 말은 맞지 않다. 다만 어렸을 적에 책을 접할 기회가 적었던 사람들은 책 읽는 습관이 형성되어 있지 않아 나이 들어 책을 읽으려니 불편하고 어렵게 느껴지는 것이다.

하지만 책은 누구는 맞고, 누구는 맞지 않는다고 할 수 있는 것이 아니다. 책은 누구나 읽어야 한다. 인류의 문화 인류 자산이 책 속에 있는데 책을 호불호로 나누어 접근한다는 것은 책을 모독하는 것이다. 더구나 재테크 독서는 사람이면 당연히 해야 하는 것이다. 자본주의 사회에서 노력한 만큼 돈을 벌고, 그 돈을 재테크로 모아서 활용하는 것은 당연한 행위이기 때문이다.

책으로 부자가 된 사람들은 동서양에서 부지기수이다. '한책협' 김도사가 대표적인 사람이다. 아버지가 빚만 물려주고 가시고 변변한 직업 없이 책만 쓰고 있던 그는 책으로 인생역전한 삶을 살고 있다. 도대체 무엇이 그를 성공자의 반열에 오르게 했을까? 찢어지게 가난했던 그가 백 억대의 자산가로 변신하고 다른 사람들에게 인정과 존경을 받는 경영인으로 변화하게 된 계기가 있을 것이다.

그는 '책'이라고 말한다. 그가 읽은 책들에서 영감을 얻었다고 한다. 먼저 네빌 고다드 같은 의식 전문가의 책을 독파해서 자신의 의식을 높였다고 한다. 그리고 비즈니스, 부에 관한 책들을 읽고 경영에 대한 비법을 깨우쳤다고 한다. 성공했다고 하는 사람들의 공통점 가운데 가장 많은 것이 바로 책이다. 책을 읽어라. 특히 재테크 책을. 그래야 우리는 성공할 수 있다.

나도 도서관에서 기적을 쓴 사람이다. 학창 시절 도서관이 활성화되지 않았을 때는 주말이면 학교로 갔다. 그 시절에는 학교가 지금처럼 무섭지 않았다. 조용한 교실에 혼자 앉아 책을 읽었다. 영어나 수학을 복습하거나 예습도 했다. 그 시간이 나와 마주할 수 있는 유일한 시간이었다. 그렇게 혼자 시간을 보내고 저녁에 집으로 돌아온다. 그 길에서 나는 무한한 행복감과 만족감, 자신감을 가득 안고 집으로 오곤 했다.

교사 생활을 하면서 도서관과 친해졌다. 내가 맡는 업무가 주로 도서관이어서 책과 친하게 지낼 수 있었다. 도서관 도서 구입을 위해 목록을 고르는 일부터 즐거웠다. 주말이면 시내 서점에 직접 가기도 하고, 인터넷 서점에서 신간 도서를 검색하다 보면 읽고 싶은 책들이 눈에 들어왔다. 도서관에 새 책들이 들어오면 누구보다 먼저 책을 읽을 수 있었다.

주말이면 공공도서관에 가는 것이 낙이었다. 딸들과 함께 도서관에서 가서 책을 읽다 보면 하루가 어떻게 가는지 몰랐다. 하루 종일 책을 읽고 한 아름 책을 빌려 돌아오는 발걸음은 마냥 즐겁고 행복했다.

주말을 어디서 누구와 보내느냐에 따라 현재와 미래가 달라진다.

- 11 -

『빛 권하는 사회, 빚 못 갚을 권리』

제윤경, 책담

소멸 시효가 지난 채권도 사고팔 수 있기 때문에 언제 어느 때 누군가 '당신이 내게 갚을 돈이 있다'며 무섭게 다가올지 알 수 없는 노릇이다. 노예 문서가 이 사람 저 사람에게 사고팔리듯이 한 번 노예 문서를 확보하면 어떻게든 노예를 찾아 주인에게 보낼 수 있다. 그러니 채무자는 새로운 형태의 노예인 셈이다.

CNN은 작은 나라 한국의 신용카드 문화에 대해 칭찬이라고 하기에는 불편한 놀라움으로 소개한다. "아무리 작은 금액이라도 신용카드 결제를 거절하는 것은 불법이며, 모든 택시에 카드 단말기가 설치되어 있다." 이를 좀 더 직설적으로 표현하면 "한국에서는 외상을 거절하면 불법이고, 택시도 외상으로 탄다."라고 풀 수 있다. 놀라워하는 것이 당연하지 않을까?

저자는 우리나라가 악성 채권, 부실 채권으로 빚진 사람들에게 고통을 준다고 한다. 국가에서 금융권이나 회사의 부도는 막대한 예산을 들여 막아준다. 하지만 개인의 부도는 개인의 책임으로 돌린다는 것이다. 사람들은 자신이 진 빚을 10년 동안 못 갚으면 없어진다는 걸 모르고 있다. 국가는 도덕적 해이를 언급하여 개인의 부채에 대해서는 외면하고 있다. 개인들도 빚을 안 갚을 권리가 있다. 능력이 없는데 빚을 빌려주는 기관에도 그 책임을 물어야 한다는 것이다. 성남시 같은 경우는 부실채권을 사들여 소각하는 일을 하고 있다. 뜻하지 않게 빚을 지었거나, 의도하지 않은 상황 때문에 빚을 갚지 못하는 개인을 국가에서는 구제해주어야 한다는 것이다.

요즘도 집에 추심 우편이 날아온다. 동생이 카드와 금융권 대출을 많이 했다가 갚는 중에 실직을 당했다. 연체하기 시작한 지 이제 7년이 되었다. 기업이나 회사는 5년 연체되면 구제를 해준다는데 개인은 10년이 되어야 구제 대상이 된다. 동생에게는 수시로 전화가 오고 있다. 동생은 기초생활수급자, 당뇨합병증 중증환자이다. 도저히 갚을 수가 없다. 파산신청을 하려고 했으나 절차가 너무 복잡해서 미루고 있다. 이 책을 읽고 부실한 개인에게 대출을 마구 해줄 수 있는 제도에 대해 많은 생각을 하게 되었다.

독서로 시작하는 통장 관리법

독서 재테크를 하다 보니 재테크 고수들이 통장 나누기를 추천했다. 『4 개의 통장』(고경호)은 통장 나누기를 구체적으로 제시하고 있다. 처음에 는 통장을 나누는 것에 의구심이 들었지만 이내 실천했다.

통장은 보통 3-4개를 사용한다. 먼저, 급여통장이 기본이다. 급여가 들어오는 통장은 급여가 들어오고 고정비가 지출되는 통장이다. 매월 수 입이 얼마나 되는지를 파악할 수 있고, 매달 나가는 고정비가 어떻게 지출되는지 파악할 수 있다. 나는 국민은행이 급여통장이라서 주거래은행으로 정했고 여러 가지 혜택을 받고 있다. 1억에 가까운 돈을 대출하면서 금리 할인도 받고 대출 한도도 높였다. 대출이 없다면 좋겠지만 이왕 대출이 필요하다면 급여통장을 만든 은행을 주거래 은행으로 활용하는 것이 다양한 혜택을 받을 수 있어 좋다. 여기에 신용카드까지 발급받으면 신용카드 포인트 혜택도 받고 대출 이율 할인이라는 혜택도 챙길 수 있다. 신용카드를 안 쓰려고 노력하지만 꼭 만들어야 하는 카드도 있기에 이왕이면 주거래 은행에서 발급받는다.

급여통장의 조건을 살펴보고 그것을 맞출 수도 있다. 일반적으로 급여통장은 매달 월급이 들어오는 통장으로 알고 있다. 하지만 은행마다 급여통장의 기준이 다르다. 최소의 금액이 일정하게 들어오기만 하면 된다. 즉 타은행 계좌에서 매달 일정일에 일정 금액 이상을 계좌이체 시키면 급여통장으로 인정을 받는다. 최소한도가 얼마인지는 은행에 물어보면 된다. 급여통장이 2-3개가 될 수도 있다. 직업이 하나라는 법은 없기 때문이다. 각기 다른 은행의 급여 통장 혜택을 보고자 하면 이 방법을 사용하는 것도 팁이다.

고정 지출 관리는 아주 중요하다. 매달 무조건 빠져나가는 것이 고정 지출이다. 임차료(월세), 보험료, 관리비, 학원비, 대출상환금, 공과금은 고정비이다. 보통 한 달 지출을 언급할 때 고정비는 간과하는 경우가 많다. 지출 내역을 정리해보면 고정 지출 규모가 크면 변동지출액이 줄어들 수밖에 없다. 많이 벌어도 허덕이는 듯한 느낌은 고정 지출 때문이다. 특히 보험료, 월세, 대출상환금 같은 고정 지출이 적정한지 따져보고 그것을 줄이기 위해 노력해야 한다.

생활비 통장을 마련한다. 생활비는 매달 일정하게 정하여 통장에 넣어놓는다. 되도록 현금이나 체크카드를 사용하여 지출 내역이 통장에 찍히도록 하면 소비 내역을 한눈에 볼 수 있다. 가계부를 정리할 때 확인하는 방법으로 유용하다. 생활비는 한도 안에서만 사용하도록 해야 한다. 매월 생활비를 정해놓으면 그 이상은 쓰지 않게 해야 한다.

신용카드는 복지카드나 해외여행을 위해 1-2개만 가지고 있어야 한다. 일단 보유만 하고 있고 비상용이 아니면 사용하지 않도록 한다. 만약 뜻하지 않게 신용카드를 사용하였다면 카드 대금은 CMA통장에 바로 옮겨놓는 것이 좋다. 매달 사용하는 생활비 규모를 파악할 수 있고, 월급날 예상치 못하게 카드 대금으로 목돈이 빠져나가는 것을 막을 수 있기 때문이다. 신용카드 혜택이나 무이자 할부를 혜택이라고 생각하지만 결국은 소비가 더 커지기에 손해가 된다. 일정한 한도 내에서 소비를 하도록 한정하는 것은 아주 중요한 것이다. 정말 사고 싶은 것이 있다면 기한을 정하고 모아서 사는 것이 방법이다. 지출은 심리 조절이다. 심리가 무너지면 지출을 막기가 어렵게 된다.

나는 사실 월급 통장과 생활비 통장을 따로 구분하지 않았다. 바쁘고 시간이 없어서 통장을 따로 관리하기 어려웠기 때문이다. 또 은행에서 자동이체를 하면 혜택을 주는데 그러기 위해서는 하나의 통장으로 통일하는 것이 유리한 것 같았다. 통장 내역을 엑셀로 저장하여 가계부에 끼워넣을 때도 한 번에 되니 오히려 유용하였다.

식비, 피복비, 교통비, 용돈, 경조사비 같은 것들은 변동 지출이다. 아낀다고 하면 변동 지출을 아낀다는 것이다. 변동 지출은 심리의 영향을 많이 받는다. 특히 식비와 피복비, 치장비 같은 것은 더욱 그렇다. 매월마다 한도를 정하여 심리적으로 초과하지 않도록 관리해야 한다. 우리는 소비해야 할 이유를 나도 모르게 찾고 있다. 기분이 좋아서, 기분이 나빠서, 이것 때문에, 저것 때문에, 보너스가 나온다는 심리적인 이유로 지출이 왕창 늘어나기도 한다. 다음 달 카드 대금이 늘어나거나 비상금 통장 잔액이 줄어드는 것을 보면 후회해도 소용없는, 텅장(텅빈 통장)을 발견한다.

비상금으로 이자를 받는다

비상금 통장은 이자를 받는다. 비상금은 가정 예산 규모에 따라 다르게 잡을 수 있다. 혼자 쓰는 경우는 50만 원에서 대가족이나 지출이 많은 가정에서는 200만 원 정도를 비상금으로 묶어넣는 것이 좋다. 나는 50-100만 원 정도 비상금으로 잡아놓았다가 다음 급여일이 다가오면 대출 원리금을 갚았다. 며칠이라도 이자를 아껴보자는 것이 목적이었다. 어느 가정이나 예상치 못한 비상 상황이 올 수 있다. 만약 대비를 못하고 있었다면 지인들에게 빌리거나 은행에 대출을 신청해야 한다. 평소 비상금을 보유하고 있었다면 뜻하지 않게 목돈이 들어가는 상황에서도 당황하지 않고 처리할 수 있을 것이다. 나는 오래전에 동양종금투자증권에 CMA 계좌를 만들었다. 몇 년 전에 유안타 증권으로 바뀌었고 그 계좌를 계속하여 사용하였다. 많지 않은 비상금이라도 넣어놓으면 매일매일 이자가 늘어나는 것이 소소한 즐거움이다.

비상금 통장은 일명 저수지 통장이라고도 한다. 평소에 물을 가두어 놓았다가 가뭄이 들 때 사용하는 것처럼, 일정 금액을 떼어놓았다가 예기치 않은 상황이 생겼을 때 사용하면 된다. 만약 이런 통장이 없다면 병원비, 경조비 지출이 생겼을 때 적금 통장을 깨는 상황이 벌어질 수 있다. 이 통장은 쉽게 찾을 수 없도록 월급 은행과 다른 은행에 만드는 것이 낫다. 너무 자주 비상금 통장을 사용하는 것은 생활비 한도가 너무 낮거나, 심리적으로 약하기 때문이다.

돈 관리가 제대로 되면 투자 통장이 필요하다. 주식이나 펀드 투자를 하고 있다면 반드시 통장을 분리해서 사용해야 한다. 그래야 투입된 돈과 수익 난 돈, 회수한 돈을 파악할 수 있다. 투자 통장과 일반 통장이 섞이면 자금이 뒤섞이게 되어 헷갈릴 수 있다. 투자 통장은 자신의 투자 결과를 잘 보여주는 보고서가 된다.

통장을 나누면 좋은 점이 있다. 자신의 지출 현황을 제대로 파악할 수 있고, 다음 달 예산을 세우는 데 도움이 된다. 모든 지출을 한 통장에서 나가게 할 경우, 자신의 수입과 지출 규모를 체계적으로 분류할 수 없다. 사람의 심리 속에는 월 수입만 크게 인식하고 그 액수만 기억한다. 지출 규모가 정확하게 뇌 속에 각인되거나 한눈에 들어오지 않으면 수입보다 지출을 초과하여 사용하는 경우가 생긴다. 수입보다 지출이 커서 카드나 대출로 돌려막기를 하는데도 적금을 하거나 투자를 하는 경우가 있다. 앞으로 남고 뒤로 밑지는 상황을 인식하지 못해 재정에 구멍이 생길 수 있는 것이다.

통장 나누기 준비가 필요하다. 평균 수입과 평균 지출액을 산정하는 것이다. 1년 동안의 총실질급여를 12개월로 나누면 평균 수입이 나온다. 고정 지출과 변동 지출, 계절성 지출 1년치를 합산하여 12개월로 나누면 평균 지출이 나온다. 계절성 지출이란 1년에 1-2번 있는 지출로 재산세, 자동차세, 명절비, 휴가비 같은 지출이다.

통장 분리를 통해 자신의 수입, 지출을 파악하는 것은 자산 관리, 재무 설계의 첫걸음이다. 자신의 저축 금액을 설정할 수 있고, 재테크 목표를 설정할 수 있다.

지피지기면 백전백승이다.

책 읽고 실천하는 가계부 적기

가계부는 시작만 한다?

"가계부를 써봤자 달라지는 게 없다."

"가계부 쓰다가 짜증 나서 포기했다."

"가계부 쓸 만큼 돈을 쓰지도 않는다."

가계부 쓰지 않는 사람들의 말이다. 난 이런 이유에 동감한다. 나도 이러저러한 이유로 가계부를 쓰다 중단했기 때문이다.

새해가 되면 가계부를 구입했다. 특히 연말에 농협 같은 은행을 가면 가계부를 주었는데, 거기에는 재테크나 생활 알짜 팁들도 들어 있어 매우 쓸 만했다.

가계부가 생기면 새해가 그렇게 기다려졌다. 묵은해를 보내고 새해에는 꼭 가계부를 쓰리라 다짐을 하면서 써내려갔다. 그렇게 일주일 정도 지나면서 초기 열정은 스르르 사라진다. 일주일이 너무 짧으면 한 달쯤이면 사라진다.

가계부를 꾸준히 쓰는 사람도 있다. 절박하거나 성격이 꼼꼼한 사람들이다. 함께 근무했던 동료도 사무실에 가계부를 놓고 매일매일 썼다. 영수증을 비교하면서 매일 쓰는 걸 보면 부럽기도 하고, 나는 못 할 것 같기도 했다.

빚을 갚기 위해 책을 읽어보니 한결같이 가계부 쓰기를 추천하고 있었다. 돈을 아끼려고 한다면 당연히 자신의 돈 흐름을 알아야 한다는 것이다. 한 달, 1년의 돈 흐름을 알면 나가는 돈을 막을 수 있다고 했다.

가계부 양식을 찾았다. 종이책 가계부, 엑셀 가계부, 가계부 앱, 네이버가계부 등 양식은 다양했다. 선택을 해야 했다. 일단은 동시에 기록을 해보았다. 어플을 다운받아 설치하였고, 종이책 가계부도 구입하였다.

동시에 재테크 카페에서 배포하는 엑셀 가계부를 다운받아 내 상황에 맞게 항목을 편집하였다.

나에게 가장 적합한 양식은 엑셀가계부였다. 매일 저녁 시간, 파일을 열어서 수입과 지출을 기록하였다. 바빠서 못하면 영수증을 모았다가 주말에 기록하기도 하였다. 하나의 항목이라도 빠뜨리지 않기 위해 영수증을 꼼꼼하게 챙기는 습관이 생겼다.

다른 방법은 단점이 있었다. 종이책은 매일 쓰기에는 좋지만 통계 내기가 쉽지 않았다. 일일이 계산기를 가지고 주 단위, 월 단위 통계를 내는 것이 불편했다.

가계부앱은 편리하기는 하지만 통계가 한눈에 잘 보이지 않았다. 앱은 편리한 점이 많다. 통장, 카드와 연동을 해놓으면 나의 수입과 지출이 자동으로 뜨거나 기록이 된다. 카드를 긁을 때마다 휴대폰에 내역이 딱 뜨는 것은 자극적이었다. 하지만 나는 PC세대이다. 앱에 저장된 데이터가 도대체 구도가 잡히지 않았다.

지불 방법은 체크카드를 사용하였다. 부자들은 현금을 사용한다는 내용을 읽고 초기에는 현금을 써보기도 하였다. 현금 사용은 문제가 생겼다. 때로 영수증을 안 받기도 하고, 덜렁이는 습관 때문에 영수증을 잃어 버리기도 하였는데 기억도 나지 않았다. 간단한 먹거리 같은 것은 구매한 흔적도 남지 않았기 때문이다.

이런 단점을 보완하기 위해 사용한 것이 체크카드이다. 체크카드는 통장에 잔고가 있어야만 쓸 수 있다. 게다가 쓸 때마다 통장에 지출 내역이 남아서 매일 지출 상황을 적지 않아도 된다. 주 단위로 통장 내역을 가계부에 옮기거나 통장 내역을 엑셀로 다운받아 그 자료를 가계부에 옮기면 된다.

영수증, 보고 또 보면 소비통제가 된다

영수증을 관리하는 것도 지출 규모를 파악하는 데 도움이 된다. 가계부 작성 초기에는 영수증을 모으기만 했다. 지갑이나 휴대폰 카드 넣는 공간에 영수증을 가득 넣었다. 그러다가 어디선가 공책에 정리하는 방법을 보았다. 공책의 한 면을 두 칸으로 나누어 일주일치씩 영수증을 붙이는 것이다. 먼저 사용한 것을 아래쪽에 붙이고 계속 위로 겹쳐 붙이는 방법이다. 물론 영수증 위쪽만 풀칠을 한다.

놀랍게도 영수증을 붙이면서 내가 과소비를 한다는 것을 깨닫게 되었다. 가계부를 쓰기 전에는 내가 과소비를 하고 있다는 생각을 전혀 하지 않았다. 내심 나는 알뜰소비를 하고 있다고 자부하기도 했다. 그런데 영수증을 확인하고 가계부에 적으면서 내 소비 패턴을 깨달으면서 깜짝 놀란다. 굳이 사지 않아도 되는 것들을 사고, 집에 있는 것을 또 산 것도 많다. 충동소비도 많다.

다른 사람들의 이목을 생각하면서 쓸데없는 인심을 쓰기도 했다. 다른 사람들한테 좋은 사람이라는 이야기를 듣고 싶어서 자주 인심을 쓰곤 했다. 여유가 많아서 다른 사람들한테 인심을 쓰는 것은 누가 뭐라고 하지 않는다. 문제는 내 경제 상황이 좋지 않은데도 무의식 중에 그런 상황을 들키고 싶지 않아 하는 심리가 있었던 것 같다. 내 영수증의 대부분은 다른 사람들과 식사하거나 차를 마시며 지불한 체크카드 영수증들이었다.

가계부를 쓰면서, 영수증을 붙이면서 내 소비 패턴을 눈으로 확인하니 나에게 많은 변화가 일어났다. 물건을 사려고 할 때 이것이 진짜 필요한지 생각하는 것이다. 그런 생각을 하게 되면 2번 살 걸 1번 사게 되고, 1번 살 걸 안 사게 되는 것이다. 소비 횟수를 줄이는 것은 지출을 막는 데 큰 도움이 되었다. 하루 무지출을 만들려고 노력하기도 했다. 월급 생활을 하다 보면 매일매일 뭔가 살 거리가 생긴다. 생각하는 대로 사다 보면 매일 무언가를 구매하는 것이 습관이 되는데, 그런 습관들이 서서히 바뀌어가는 것을 경험했다. 예전에 사는 것이 즐거움이었다면 이후에는 안 사는 것이 행복이 되는 경험을 했다.

아직도 가계부를 쓰지 않는 사람들이 많다. 대체 가계부에 쓸 내용이 없다고 한탄한다. 현대 사회에서 소비를 하지 않는 사람은 없다. 매일매일 가계부를 쓰면서 내 소비 패턴을 파악하는 것은 정말 중요하다. 주마다, 월마다 통계를 내면서 내 수입과 지출을 관리하는 것은 재정 관리의 출발이 된다.

가계부 양식을 고민하지 않았으면 한다. 자신에게 맞는 다양한 방법이 있다. 남들이 아무리 좋다고 해도 나와 맞지 않으면 실천이 어렵다. 간단한 방법이라도 자신과 맞고 꾸준히 할 수 있으면 최적의 방법이다.

가계부를 매일매일 기록하는 것만 목적으로 하면 안 된다. 거시적인 안목으로 가정의 자산과 대출 현황을 파악하고, 소비와 저축 계획을 세우는 것이 중요하다. 큰 계획을 세우고 보면 작은 소비 습관은 통제가 된다. 가정의 크고 작은 문제들도 의외로 쉽게 풀려나가는 것을 경험하게 될 것이다.

지금부터 가계부 적기 실천하자.

- 12 -

『가장 빨리 작가 되는 법』

김태광, 위닝북스

작가는 키워지는 것이 아니라 스스로 크는 것이라는 뜻이다. 작가는 특별한 사람만이 될 수 있다는 생각은 쓰레기통에 던져버려라.

작가에 대한, 글쓰기에 대한 인식만 바꾼다면 누구나 작가가 될 수 있다.

그들이 글을 쓰지 못하는 이유는 100만 가지나 된다. 영감이 떠오르지 않아서, 구상이 무르익지 않아서, 왠지 유치한 것 같아서, 업무가 바빠서, 기분이 좋지 않아서, 몸이 아파서, 애인과 다투어서 등등. 그러나 이 모든 것은 매일같이 글을 쓰는 내게는 그저 핑계로만 보일 뿐이다. 그들이 글을 쓰지 못하는 이유는 단 하나이다. 게으르기 때문이다. 그렇다면 왜 게으른가? 그만큼 절박하지 않기 때문이다.

저자는 최고의 책 쓰기 코치이다. 50이 넘은 나도 책 쓰기 과정을 시작한 후 단 2개월 만에 책을 다 썼다. 그의 책 쓰기 과정은 원칙 그 자체이다. 나는 중등 국어교사 생활 30년 경력자이기에 글쓰기 순서를 잘 알고 있다. 하지만 나는 학생들에게 글쓰기를 지도할 때 그 순서와 원칙을 적용하지 못했다. 시간도 없고, 그 순서가 지름길이라는 확신도 없었기 때문이다.

저자에게 책 쓰기 코칭을 받으면서 원칙의 중요성을 뼈저리게 실감했다. 책 쓰기 절차에 따라 그가 요구하는 대로 과제를 제출하면 꼭지 목차까지 단 시간내에 완성되었다. 그리고 꼭지 제목에 맞추어 나의 경험과 생각을 풀어내기만 하면 어느덧 책 한 권이 완성되었다. 저자는 가장 빨리 작가 되는 법을 전수하고 있다.

부자들은 장지갑을 사용한다

돈은 그냥 돈이라고?

내 휴대폰의 카드 넣는 곳은 늘 불룩하다. 사람들이 볼 때마다 "뭐가 그리 많으냐, 돈을 넣고 다니느냐?"라고 물어본다.

사실 그 속에는 영수증이 주를 이루고 카드도 있다. 주거래 은행 체크카드와 신용카드를 가지고 다닌다. 가계부를 쓰면서 영수증을 모으는 습관이 생겼다. 영수증은 그날그날 정리하는 것이 아니라 일주일에 한 번씩 모아서 공책에 정리한다. 그러다 보니 딱히 어디에 보관할 방법이 마땅치 않아 휴대폰 카드 주머니에 넣게 되었다.

　나의 지갑 안도 상황은 비슷하다. 온갖 종류의 카드와 포인트 카드들이 가득 들어 있다. 동전 넣는 부분에는 동전들이 가득 들어 있다. 여기에도 지출 영수증은 가득 담겨 있다. 일주일치가 늘 들어 있는 것이다. 요즘은 바빠서 2-3주에 한 번씩 정리하니 상황이 더 심각하다. 지폐 넣는 곳에도 백화점이나 마트 상품권, 온누리 상품권과 함께 지폐가 들어 있다. 난 돈을 소중하게 다루어야 한다는 생각을 별로 해본 적이 없다.

　몇 가지 책을 읽으면서 돈을 대하는 나의 태도에 대해 알게 되었고 그런 태도를 반성하였다. 『부자들은 왜 장지갑을 쓸까』(카메다 준이치로)라는 책 제목을 보았을 때, 말도 안 된다고 생각했다. 부자들은 단지갑이나 중지갑을 쓰지 않고 장지갑을 쓴다는 말도 일반화의 오류라고 생각했다. 그런데 내용을 읽어보니 숨어 있는 의미가 중요했다.

　『돈의 신에게 사랑 받는 3줄의 마법』(후지모코 사키코)은 '설정 변경'으로 인생을 바꾸는 3줄 노트 작성법을 알려준다.

　『1분 버핏』(구와바라 테루야)은 버핏의 투자 철학에서 놓치지 말아야 할 '돈을 대하는 자세'를 그의 일화와 함께 소개한다. 버핏은 "좋아하는 일을 잘하면 돈은 따라오게 되어 있다."라며 본인도 돈이 아니라 인생의 목표를 향해 노력하다 보니 부가 따라왔다는 겸손함을 보인다.

내가 돈을 대했던 방식과 부자들이 돈을 대하는 방식의 차이점을 보면서 반성했다. 내가 얼마나 돈을 무시하고 살았는지 깨달았다. 그간 내가 돈을 함부로 대하면서, 돈을 버리다시피 과소비하고 낭비했던 모습도 환기되었다. 그러면서 막연히 돈이 들어오기를 바랐다. 돈의 원리를 몰라서 그렇게 살았던 것이다.

잠재의식 속에서 '돈은 나쁜 것이다.', '돈이 많으면 죄를 짓는 것이다.'라는 부정적인 인식도 있었다. 부자들을 보면 무슨 나쁜 짓을 해서 돈을 번 게 아닌가 하고 의심했다. 부자들이 갑질하는 내용이 언론에 나오면 내가 생각했던 것이 맞다고 기뻐했다. 비싼 외제 스포츠카가 도로에서 큰 소리를 내면서 지나가면 돈 자랑한다고 손가락질했다. 부자들이 사업이 어려워졌다고 하면 올 것이 왔다고 생각했다. 부와 돈에 대해 이런 생각을 하고 있는데 돈이 나를 따라오지 않는 것은 당연하다는 생각이 들었다.

돈을 소중히 다루면 돈이 들어온다

그러면 돈을 어떻게 대해야 돈이 따라올까. 부자들이 조언하는 것을 정리해보도록 한다.

첫째, 좋아하는 일을 잘하도록 하라. 이것은 자신의 분야에서 성공한 사람들이 공통적으로 고백하는 비법이다. 2가지 조건, '좋아하는 일'과 '잘해야 한다'를 모두 충족시켜야 한다.

나는 책을 쓰면서 내가 좋아하는 것과 잘하는 것의 끝을 보았다. 나는 글쓰기를 좋아했다. 초등학교 때부터 글짓기 부문 상을 많이 받았다. 중학교나 고등학교 시절 친구들과 편지를 굉장히 많이 주고받았다. 대학교 때도 동아리에서 글쓰기를 주로 했다. 발령을 받고 나서는 교장 선생님 훈화 말씀을 대필하거나 교정을 했다. 글쓰기를 하면서 즐거움을 느꼈다. 글쓰기는 어려운 것이라는 선입견이 실제로 쓰기를 하면서 사라졌다. 오히려 글쓰기는 즐거운 자기표현의 시간이 되었다. 문득문득 '책을 쓰면 어떨까?' 하는 생각이 들었다.

독서도 내가 좋아하는 것이다. 책을 읽으면서 저자의 생각을 알게 되고 저자의 생각에 감탄하면서 동감하는 횟수가 점점 많아졌다. 다양한 작가의 여러 종류의 책을 읽으면서 내가 얼마나 책을 좋아하는지를 알게 되었다. 저자들이 던지는 교훈은 생생한 육성을 듣는 것처럼 느껴졌다. 책 속의 방법은 바로 실천하면서 나의 행동과 습관을 바꾸어나갔다.

둘째, 돈에 대해 관심을 가지고 배워라. 많은 사람들이 돈 자체를 부정적으로 생각하는 사람들이 많다. 돈에 대해 관심도 없고 배우려고 생각하지 않는다. 하지만 돈을 가지고 싶으냐고 물으면 그렇다고 한다. 돈을 많이 벌고 싶으면 돈에 대해 관심을 가져야 한다. 돈의 기원, 돈의 역할, 돈을 바르게 쓰는 방법들을 알아야 한다. 돈의 원리와 돈 버는 방법에 대해서도 배워야 한다.

셋째, 돈을 소중히 여겨라. 비유하자면 돈을 자기 자신을 대하듯이 하라고 하면 될 것 같다. 사람들은 자신을 사랑한다. 겉으로는 자신을 낮추고 무시하는 사람일지라도 내면에서는 자신을 사랑한다. 돈에 대해서도 그렇게 생각하는 듯하다. 돈을 좋아하고 돈 벌기를 좋아하면서도 체면 때문에 자신의 인격에 흠이 갈까 봐 돈을 무시하고 낮추는 것이다.

이제는 대놓고 돈을 소중히 여기도록 해야 한다. 돈이 지갑을 떠날 때는 소중한 사람을 보내듯이 대한다. 그리고 다시 나의 지갑으로 돌아오도록 부탁을 한다. 생각할수록 돈은 우리 삶에 필요한 수단이다. 돈이 없어서 고생하는 삶을 상상해보라. 돈이 있으면 생명을 살릴 수도 있고, 가족들을 편안하고 행복하게 할 수도 있다. 원하는 것을 살 수도 있고 무엇보다 경제적 어려움을 겪고 있는 사람들을 구할 수 있다. 나의 버킷리스트 10가지도 자세히 보면 돈이 많으면 금방 해낼 수 있는 것들이다. 우리의 삶에서 정말 중요한 돈을 소중히 여겨야겠다.

넷째, 돈을 나누어라. 인간이 다른 동물과 크게 다른 점 중의 하나는 잉여생산을 하고 저축을 한다는 것이다.

"인간은 자신에게 다 필요하지 않아도 쌓고 모으는 자체에 기쁨을 느끼고 그렇게 한다. 그래서 부의 불평등이 오고 갈등이 온다. 만약 인간이 자신을 위해 전혀 쌓아놓지 않는다면 세계에는 가난한 자가 한 명도 없을 것이다."

과연 그럴까. 나도 예전에는 이렇게 생각했다. 이것은 인간의 본성과 능력을 무시하는 데서 나오는 생각이라 본다. 인간의 능력은 무한대다. 자신이 생각하는 대로 다 이루어내는 존재이다. 자신의 꿈과 목표를 이루는 자체로 즐거워하고 더 큰 성취를 해낸다. 자본주의 사회는 이런 인간의 본능을 최대한 발휘하도록 시스템을 만든 것이다.

현재 부의 불평등이 심화되고 있는 것도 현실이다. 해결책은 부의 재분배이다. 있는 자들이 자신의 부를 자발적으로, 또는 시스템으로 나눌 수 있다면 인간 사회는 행복해진다. 현실 세계에서 천국을 이루어낼 수 있다. 기부와 나눔이 그 해법이다. 돈을 버는 자체보다는 남을 위해 돈을 썼을 때 더 행복한 감정이 든다. 나눔으로 사람들이 행복해지면 그 기쁨은 더 배가 된다. 아들러의 심리학에서 말하는 '타자 공헌'의 보람이다.

나의 경험으로도 가족을 위해, 학생들을 위해, 요즘은 독자들을 위해 도움을 줄 때 정말 행복하다. 독자들이 나의 책으로 문제가 해결되었다는 연락을 줄 때 내 마음속은 천국으로 변한다. 이렇게 하면 돈에게 더 사랑받는다는 것이다.

돈, 인간에게 필수불가결한 것이다. 좋아하는 일을 잘하고, 돈에 대해 배우고, 돈을 소중히 여기며, 돈을 나누면 돈으로 만들어지는 행복한 천국을 경험하게 될 것이다.

06

재테크 독서로 메신저가 되라

책을 내고 달라진 것들

2019년 5월 3일, 내 생에 역사적인 날이다.

내 생애 첫 개인 책이 출간된 날이기 때문이다. 공동 저서 2권이 이미 나와 있었지만, 개인 저서는 처음으로 출간되었다. 책 쓰기를 시작한 지 4개월 반 만에 이루어진 일이다.

실제 원고를 탈고한 시기는 2월 중순이었다. 책이 다듬어지느라 세상에 나오는 데 2개월이 더 걸린 것이다. 나의 초고가 많이 다듬어져 세상에 나온 것을 보니 감회가 새로웠다.

최근 4개월 동안 부에 관한 책을 50여 권 읽었다. 내 생애 50년 동안 읽었던 것보다 더 많은 책을 읽었다. '부', '재테크'에 대한 책을 읽으면서 나의 고정관념이 크게 바뀌었다. 교사라는 직업의식 때문인지 그동안 나는 돈에 대해 드러내놓고 말하기가 어려웠다. 교육은 사람을 바르게 되라고 가르치는 것이지 '돈', '부자' 같은 세속적 가치를 가르치는 것이 아니라는 생각을 가지고 있었다. '돈' 하면 물질만능주의라는 부정적인 이미지가 먼저 떠오른다. 교사는 부와 돈을 초월하여 청렴해야 하며 학생들에게도 그런 가치관을 교육시켜야 한다고 생각하고 있었다.

한번 생각해보자. 인간이 태어나고 살아가는 데 가장 근본이 되는 것이 돈 아닌가? 만약 돈이 없다면 당장 먹고, 입고, 잘 수 없다. 반면에 돈이 있다면, 돈이 많다면 생활의 여유가 있고 시간의 자유를 누릴 수 있다. 그뿐인가. 주위에서 경제적 어려움을 겪고 있는 가족, 친척, 친지들이나 벼랑 끝에 몰린 가난한 사람들과 해외 기아들까지 도울 수 있다.

가정에서 예를 들어보자. 부모들이 자녀에게 열심히 공부하라고 독려하는 이유는 자식이 잘 먹고 잘 살기를 바라는 마음이다. 자식들이 가난하게 최저 생계를 유지하기를 원하는 부모는 없을 것이다. 게다가 성실하게 일해도 그런 상황이 된다면 부모의 입장에선 매우 가슴이 아플 것이다.

우리 부모님 세대에는 배움의 기회가 적었다. 집안 형편이 좋은 집이 별로 없었고, 학교는 몇십 리를 걸어가야만 하는 곳에 위치해 있었다. 나는 1970년대에 단양 시골에서 초등학교를 다녔는데 그때에도 자녀들을 공부시키지 못하는 집들이 꽤 있었다. 중학교를 같이 입학했지만 1년이나 2년 다니고 그만둔 친구들도 여럿 있었다. 하물며 우리 부모님 시대에는 1950년대였으니 시대 상황은 짐작하고도 남는다. 그렇게 힘들게 살았던 부모님이 자식에게는 같은 상황을 물려주기를 싫어했을 것은 불을 보듯 뻔하다.

예전에는 직업도 주로 온몸을 사용해야 하는 일이 대부분이었다. 농촌에서 농사를 짓는 사람들은 온 가족이 동원되어 농사일을 해야 했다. 산업화되면서 공장이나 공사 현장에서 신체를 사용하는 노동을 해야 했다. 힘들고 어려운 직업을 가진 부모들은 자식들에게 같은 직업을 물려주기 싫어한 것은 당연하다.

그러다가 주위에 중고등학교나 대학교를 나온 사람들을 보니, 그들은 공무원이나 회사 같은 곳에서 사무직의 일을 하고 있는 것이다. 사무직은 농사일이나 노동판보다 몸이 편한데 월급은 더 많이 받았다. 그리고 신체적인 제약이 덜해 더 오래 일할 수 있다. 게다가 교사나 교수, 대기업 직원 등은 명예도 더 있어 보이고 나중에 정계로 진출할 수도 있다. 시골에는 사무직으로 일한 사람들이 나중에는 군의원, 시의원이나 선거판에 출마하는 경우가 많았다.

이제 힘들게 살았던 부모들은 자식들을 생각하게 되었다. 자식들이 자신과 같은 직업을 갖고 고단한 인생을 산다고 생각하면 정신이 아득했을 것이다. 그 원인을 찾아보니 학력이라는 걸 알았을 것이다. 그리하여 자식들 교육에 올인하게 되었다. 자신들은 못 먹고 못 입고 힘들게 살아도 자식은 고등학교나 대학교까지 보내게 되었다. 대학을 나온 자식들은 부모의 기대에 맞게 취직을 하고 적당히 부를 쌓으며 안정된 삶을 살게 되었다.

하지만 이제는 시대가 변하였다. 자본주의의 극을 향해 가고 있는 요즘은 공무원이나 회사원이라는 직업으로는 안정된 생활도 하기가 쉽지 않게 되었다. 월급이 오르는 속도보다 소비의 속도가 더 빠르기 때문이다. 가정마다 예전에 비해 소비의 종류가 대폭 늘었다.

가장 많이 늘어난 소비는 사교육비일 것이다. 20년 전만 해도 부모들이 사교육에 그렇게 투자를 많이 하지는 않았다. 초등학교까지 태권도, 피아노 정도 보냈을 정도이다. 극성스런 부모들은 학원을 보내기도 했지만 학원비가 그리 비싸지도 않았다. 하지만 요즘에는 유치원부터 고가의 비용이 들어간다. 예체능 학원, 영어학원, 수학학원, 독서논술지도 등 사교육의 종류가 너무 다양하다. 그 비용도 상상을 초월한다. 형편이 아주 좋은 집에서야 그것이 그리 부담 되지 않을 수도 있다. 하지만 보통의 가정에서는 한 달 수입의 대부분이 사교육비로 들어간다고 해도 과언이 아니다.

통신비도 부쩍 늘어난 소비 금액이다. 옛날에는 가정에 집전화 한 대와 TV수신료 2,000원이 전부였다. 요즘엔 4인 가족 저마다 휴대폰이 다 있고, 통신비도 각각이다. 휴대폰은 1대당 100만 원 가까이 되는 고가이다. TV는 유료 통신비로 몇만 원씩 내고 있다.

이렇게 소비가 늘어나고 계속 소비를 부추기는 데도 가난하게 살아야 할까? 가난하면 부모로서 자식들에게 잘해줄 수가 없다. 의식주 해결도 안 되는 상황이라면 지금은 부모 역할을 잘 못하고 있다고 봐야 한다.

책이 나 대신 일하게 하라

독서도 마찬가지이다. 독서를 하면 사람이 행복해지고 즐겁게 살 수 있다. 하지만 독서를 많이 하면서도 가난하게 사는 것은 좀 이상하다고 생각한다. 전 세계의 부자들, 성공한 사람들의 가장 공통된 점은 모두 독서를 통해 인생의 변화를 이루었다는 것이다.

책을 읽으면 조선시대 선비처럼 가난하게 살아야 한다는 편견은 버리도록 하자. 독서를 해서 생각이 바뀌어야 한다. 긍정적인 생각으로 변해야 하고 긍정 마인드로 자신이 원하는 삶을 살 수 있어야 한다. 그것이 독서의 힘이다.

책을 읽고 내가 변했다면 이제는 책을 써야 할 시기이다. 내가 읽은 책은 나에게 울림이 있는 메시지를 던져주었다. 사람들은 저자가 던지는 메시지에 감동을 받아 마음을 바꾼다. 생각이 변하고, 행동이 변하며, 습관이 바뀌고 그리고 마침내 운명이 바뀌는 경험을 한다.

책을 쓰고 나니 내가 메신저가 되었다. 아니, 나의 책이 메신저이다. 내가 하고 싶은 말을 독자들에게 다 전달해준다. 나의 강력한 호소가 독자들의 마음을 움직인다. 독자들의 의식이 변하고 행동이 바뀌며 삶의 문제가 해결된다. 죽음을 생각하던 사람들이 삶을 생각한다. 불행을 부르던 말버릇이 행복을 부르는 말로 바뀐다. 닥친 문제는 별것 아니라는 생각이 든다. 해결책이 있을 거라는 자신감이 생긴다. 결론적으로 인생은 살 만한 것이라고 생각한다.

책 1권이 삶을 송두리째 바꿔놓는 경험을 하면서 독자들은 작가에게 감사를 표현한다. 문자, 카톡, 전화, 메일로 다양한 방법을 통해 감사하다는 의견을 받으면 사실 작가가 더 행복해진다. 책을 쓴 보람을 느끼게 된다. 앞으로 더 좋은 책을 써야겠다는 생각도 한다.

나의 책은 메신저이다.

유튜브로 재테크 독서하라

유튜브로 책을 본다

"언니, 책 읽어주는 유튜브 찍어주면 안 돼? 눈이 안 좋아져서 종이책 보기가 힘들어."

어느 날 동생이 전화해서 이렇게 주문했다. 자신은 노안이 와서 책 읽기가 너무 힘들다고. 요즘엔 김영하 소설가가 읽어주는 유튜브를 듣고 있다고 했다. 나도 김영하 소설가의 영상을 찾아서 시청하였다. 유명 소설가의 작품을 김영하 작가가 읽어서 올린 콘텐츠였다. 소리만 녹음되어 있어서 라디오처럼 틀어놓고 있으면 좋은 영상이었다.

아, 독서의 고정관념을 깨는 계기였다. 독서는 종이책을 읽는다는 생각으로, 좀 허용해준다면 e북을 읽는 것까지는 이해가 되었다. 하지만 유튜브로 책을 읽는다는 것은 낯설었다. 아니 듣는 것이다.

바로 '책', '독서'라는 단어로 유튜브 검색을 했다. 엄청나게 많은 채널이 있었다. '책 읽어주는 TV'로 엄청난 시청자를 확보하고 있는 채널도 많았다. 더 나아가 독서의 필요성과 방법에 대해 알려주는 채널도 다양했다. 유튜브라는 이미지와 독서는 처음에는 잘 매치가 되지 않았다. 그만큼 유튜브 세계의 내용이 건전해지고 유익해진다는 것을 알 수 있었다.

최근 초등학생들이 가장 선호하는 직업은?

유튜브 크리에이터이다. 그 이유는 돈을 잘 벌기 때문이다. 유튜브는 방송의 소비자로서 충성을 다해왔던 개인들이 방송의 생산자로 변신하는 매체이다. 아니다. 좀 더 정확하게 표현하면 개인이 방송을 생산하고, 또 방송을 소비한다. 이전에는 방송국, 언론이 일방적으로 방송을 제작했지만 이제는 유튜브가 실시간으로 소통하며 방송을 만들고 빠르게 피드백을 하면서 콘텐츠를 만들고 소비한다.

유튜브의 가장 큰 매력은 수익이다. 실제로 대도서관이나 도티, 잠뜰 같은 유튜버의 수익은 연간 몇십 억이 넘어가고 있다. 세계에서 수익이 가장 많은 유튜버의 수익은 가히 상상이 불가하다.

지금까지 한국에서 유튜브 콘텐츠는 자극적인 것이 특징이었다. 어린 이들이나 청소년들이 좋아하는 게임, 먹방 등이 대부분이었다. 이런 콘텐츠의 특징은 자극성이다. 변심이 심한 시청자들을 사로잡으려면 자극적인 게임이나 목숨을 건 먹방, 심한 욕설이나 선정적인 장면들이 가장 많았다.

최근 유튜브 콘텐츠가 변하고 있다. 일명 유교TV라고 할 정도의 내용이 인기가 높아지고 있다. 대표적인 유튜버는 대도서관이다. 그는 20대로서 젊은 층을 겨냥한 게임을 콘텐츠로 정했다. 하지만 그는 기존 게임 유튜버들이 습관처럼 했던 비속어를 버렸다. 그러다 보니 젊은 여성, 특히 주부들의 입소문을 타기 시작했다. '유교TV'라는 별칭을 얻기까지 하면서. 그의 수익은 연간 몇십 억을 넘어서고 있다.

유튜브로 공부하는 시대

유튜브 세계의 변신은 세대 변화이다. 40-50대나 50-60대는 유튜버 보다는 TV 시청자가 많았었다. 그런데 최근에는 그 세대 사람들이 유튜브를 켜기 시작했다. 그들은 정말 유교적인 콘텐츠를 찾는다. 진정성 있는 내용을 찾는다. 오죽하면 '유튜브 대학'이라고 할까. 또 그들은 매우 충성스런 시청자이다. 도움이 되는 유튜버를 만나면 주구장창 그 TV만 시청한다. 부정적인 댓글을 달지도 않는다.

더 큰 변화는 시청자로 살았던 세대들이 유튜버로 변신하고 있다는 점이다. 독서, 부동산, 일상생활, 농사일 등 다양한 분야에서 유튜브 채널을 만들기 시작했다. 그 채널들은 시청자들에게 매우 유용한 내용을 제공한다. 자극적인 재미는 덜하지만 내용이 알차고 유용해서 꾸준히 구독자가 늘고 있는 것이다. 내가 즐겨 찾는 유튜브 채널은 '김도사TV', '단희TV', '김미경TV', '권마담TV' 등이다.

'김도사TV'는 독서, 책 쓰기에 대한 콘텐츠가 많이 올라와 있다. 특히, 사람의 의식을 변화시켜주는 책들을 소개하고 있다. 특히 의식의 대가라 불리는 네빌 고다드의 책을 소개하고 있어 구독자들의 의식 변화에 도움을 주고 있다. '네빌고다드TV' 채널도 운영하여 네빌의 책을 소개하고 있다. 또 책 쓰기에 대한 방대한 자료가 있어 시청자들에게 큰 도움을 준다. 요즘 많은 사람들이 책 쓰기에 관심을 갖고 정보를 찾고 있다. 김도사는 책 쓰기의 필요성과 과정에 대해 세세한 내용까지 강의를 하고 있어 구독자들의 궁금증에 대한 해결책을 제시하고 있다.

최근 많은 사람들이 유튜브를 통해 '한책협'으로 연락을 한다. 카페에는 날마다 신규 가입자가 늘어난다. 한 달에 2번 있는 책 쓰기 일일특강에는 신규 회원들이 몰려든다. 일일특강 요청이 많아 일주일 만에 특강을 한 적도 있다. 책 쓰기 과정도 주 2회 운영하다가 주 3회 운영으로 늘렸다. 유튜브를 통해 사람들의 의식이 달라지고 자신감이 생긴 것이 큰 이유라고 본다.

유튜브와 책 쓰기를 하면 퍼스널 브랜딩이 된다는 것을 깨닫는다. 다음 과정은 책을 읽는 것이다. 책 쓰기의 방법에 대한 책을 구입하여 읽어본다. 요즘 책 쓰기 책들은 내용이 상세하지만 책은 책이다. 유튜브와 책 읽기 만으로는 고도의 전문성이 필요한 책 쓰기를 하기가 어렵다. 그래서 사람들은 직접 코칭을 받기 위해 찾아온다.

'권마담TV'는 독서 등 자기계발 분야에 대한 콘텐츠가 많다. 권마담은 평범한 직장인으로 독서와 자기계발, 책 쓰기를 통해 삶이 달라지는 경험을 했다. 그 경험을 영상에 다 녹여내고 있다. 최근에는 크루즈 여행에 대한 내용을 주를 이루고 있어, 아직 우리나라 사람들이 생소하고 비싸다고만 생각하는 크루즈 여행에 대해 알찬 정보를 제공한다. 저렴한 비용으로 호화로운 크루즈 여행을 즐길 수 있는 팁을 제공함으로써 구독자들의 많은 관심을 끌고 있다.

'단희TV'는 부동산 개발 전문가가 유튜브와 블로그로 1인 창업을 하여 성공해가는 이야기들이 가득하다. 특히 이 채널은 부동산 재테크에 관한 사례 중심의 유익한 정보가 많아 구독자들에게 부동산 투자나 부동산 창업에 관한 정보를 제공하고 있다. 또 자신이 의미 있게 읽은 책을 소개해주고 있다. 내용이 알차고 명쾌하게 설명을 잘하여 구독자들의 호평을 받고 있다.

유튜브, 이제 더 이상 무시할 수 없다. 유튜브로 얻는 광고 수익이 우리나라 돈인가, 외국의 돈인가를 따지는 것은 중요하지 않다. 시청자로서 정보의 소비자에 불과했던 일반인들이 방송 콘텐츠를 만들어내는 생산자로 바뀌는 것이다. 또 그들은 다른 사람의 방송에서는 여전히 소비자가 되고 있다. 그간 방송사에서 싹쓸이했던 광고 수입을 일반인들이 나눠 갖는 것이다. 돈 중심으로 돌아가는 자본주의 사회에서 수익이 되는 콘텐츠 생산을 무시할 수는 없다.

이젠 독서도 유튜브로 한다.

- 13-

『주식투자 이렇게 쉬웠어?』

김이슬, 위닝북스

회사에 끝까지 있을 수는 없다. 지금은 나도 회사도 서로를 필요로 한다. 하지만 언젠가 그렇지 않은 시기가 온다. 우물쭈물하다가 이럴 줄 알았다며 후회할 때는 이미 늦는다. 그때 나는 웃으면서 나의 꿈을 계속 실천해나갈 수 있어야 한다. 그리고 그동안 고마웠다고 직장에 감사하며 홀가분하게 나올 수 있어야 한다.

이 책에서는 반드시 수익을 내고 살아남을 투자 기술 8가지를 소개한다. ETF를 통해 매일 시장에 대한 공부를 하면서 돈의 흐름을 익히고, 주가의 과거 기록인 차트 공부보다 경제의 축이자 주식시장을 움직이는 핵심인 환율·금리·유가를 공부할 것을 추천한다.

그리고 기축통화인 달러의 움직임을 확인해야 한다. 또한 분산투자로 '모 아니면 도'의 확률보다 조금씩이더라도 패를 살려서 꾸준히 수익을 얻는 것이 안정적이다.

이외에도 적립식으로 시작해 거치식으로 운용하기, 지수투자 레버리지 활용하기, 성향에 맞는 투자 황금비율 찾기 등 성공적인 주식투자의 지름길을 제시하고 있다.

내가 주식투자에 입문한 지는 20년이 넘었다. 지속적으로 한 것은 아니고, 가끔 현물 투자를 하다가 시간이 없어 접곤 했다. 빚이 많아진 뒤에는 아예 들어갈 생각을 못하고 있었다.

2018년 9월, 나는 무슨 생각을 했는지 모르지만 주식을 해야겠다는 생각을 했다. 유료사이트에 가입하고 몇백 만 원을 투자한 지 보름 후에 주가는 곤두박질치기 시작했다. 내 평생 그렇게 손해를 많이 본 것은 처음이었다.

올해 초 이 책을 읽고는 자신감이 생겼다. ETF라는 종목이 펀드식이면서 한두 종목만 하면 되기에 신경 쓸 것이 별로 없어 보였다. 저자가 안내하는 대로 경제 지표를 보면서 투자를 하면 매수와 매도 기회를 적절하게 찾을 수 있다는 생각이 들었다. 그리고 지금 월급 탈 때마다 정기적으로 매수를 하고 있다. 매도하라는 신호가 나올 때까지 보유할 생각이다.

5 장

나는
재테크 독서로
매년
3천만 원 번다

부자가 되는 사고방식을 가져라

노동 수입만으로 부자가 될 수는 없다

나의 고향은 시골이다. 선배와 친구들, 후배들이 같이 만나고 대화하고 소통한다. 가끔 직업이 없어져 새로운 일을 구하는 사람들이 있다. 어떤 일을 하고 싶냐고 물어보면 다들 옛날 방식의 일을 찾고 있다. 회사에 취직하고 싶어하거나 농사를 짓거나 판매를 하고 싶어 한다. 대부분 자신의 노동으로 돈을 받는 일이다. 우리나라 사람들의 성실하고 부지런한 태도가 유독 노동 현장에서만 빛을 발하는 것은 문제이다.

노동만으로는 부자가 될 수 없다. 사람들은 한 달 동안 일하고 받은 월급을 써버리는 방법을 알고 있다. 이미 나갈 곳이 정해져 있다는 것이다. 매달 정기적으로 소비를 하다 보면 이상하게도 씀씀이가 줄어들지는 않는다. 매달 씀씀이가 늘어나게 된다. 심각한 것은 목돈이 필요한 상황이 온다는 것이다. 자녀들이 대학에 들어간다거나 부모님이 병환을 앓는다거나 불의의 사고를 당하는 것이 그렇다. 내 집을 마련하거나 자동차 구입을 하는 것도 의외의 목돈 지출이다. 그중 가장 당황하게 되는 것은 의료비의 지출이다. 가족 중 누군가 심하게 아프면 모아놓은 돈도 턱없이 들어간다.

지난달 남동생이 결국은 신장 투석을 시작하였다. 요독증이 심하게 와 급성으로 투석을 하지 않으면 안 되었다. 요독증으로 남동생은 신경계의 이상이 왔다. 밤새 잠을 자지 못하고 침대에 가만히 있지를 못하였다. 청주로 급히 옮겨 신장 투석을 받고 나왔지만 신경 이상은 계속 되었다. 도저히 다인실에 둘 수 없었다. 결국 1인실로 옮겼고 간병인을 고용하였다. 1인실에 4일 정도 있다가 4인실로 옮겨 5일 정도 입원했다.

1인실은 입원비가 하루에 25-27만 원으로 30만 원 가까이 했다. 동생은 의료비 지원대상자라 다인실에서 공동간병인실을 사용할 경우 병원비가 매우 저렴하다. 하지만 이번에는 9일 동안 입원비와 간병비를 지불하니 250만 원 가까이 들었다. 이렇게 예기치 않은 의료비 지출은 사람들에게 경제적인 부담을 많이 준다.

부자의 사고방식을 가져야 한다

『부자의 사고 빈자의 사고』(이구치 아키라)에 나오는 내용은 왜 부자의 사고를 가져야 하는지를 잘 알려준다. 돈, 인간관계, 자기 투자, 부의 설계도에 대해 가난한 사람과 부자들이 각각 어떻게 사고하는지를 대조적으로 보여주며 부자가 될 수 있는 방법을 선명하게 안내한다.

이 책을 읽으면서 나의 사고방식은 빈자의 사고였다는 것을 절실히 깨달았다.

첫째 사고방식의 차이다. 가난한 사람의 사고방식은 이렇다. 교과서를 바탕으로 장사를 생각한다, 타인을 이용하고 자신을 가장 중요시한다, 성과주의에 찬성한다, 타인이 만들어낸 가치를 따라간다, 타인이 정답을 알려준다고 생각한다, 그날의 근무 시간을 돌이켜본다, 따돌림이 무서워 조용히 생활한다, 회사의 톱니바퀴가 된다, 자유를 참아 푼돈을 번다, 돈의 유무에 따라 판단한다, 인내의 대가로 월급을 받는다, 자신만 바라보며 재능을 버린다, 단골 술집을 찾는다, 사소한 일부터 바꿔본다.

반면 부자의 사고방식은 이렇다. 실제 사회를 바탕으로 장사를 생각한다, 인간관계야말로 '최고의 자산'이라고 인식한다, 성과주의에 반대한다, 자신의 가치를 높여서 부를 얻는다, 직접 정답을 생각해내는 일에서 가치를 찾는다, 그날의 일의 성과를 돌이켜본다, 하루라도 빨리 집단에서 벗어나고 싶어 한다, 회사의 엔진이 된다, 자유를 확보해서 큰돈을 손에 넣는다, 하고자 하는 마음의 정도로 판단한다, 책임의 대가로 수입을 얻는다, 타인을 바라보며 재능을 발견한다, 화제에 오른 레스토랑을 찾는다, 큰일부터 바꿔본다.

나의 직장 생활 30년은 철저히 빈자의 사고방식이었다. 특히, 나는 직장 생활이란 타인이 만들어낸 가치를 따라가는 것이라 생각했고 타인이 정답을 알려준다고 생각했다. 직장의 한 일원으로서 상사가 기획하고 시키는 일을 충실하게 해냈고 어떤 문제가 생기면 스스로 답을 구하는 것이 아니라 관리자들이 해결책을 다 제시해준다고 생각했다.

인간관계에 관한 차이도 공감하면서 나의 자세는 역시 가난한 자의 세계에 속해 있었다. 가난한 사람의 특징 중 내가 하고 있는 행동 몇 가지가 있다. '회식 자리에서 일에 대한 불평을 늘어놓는다, 키맨의 노하우를 훔치기 위해 무료 세미나를 참석한다, 혼자 고군분투하며 부를 만들어내려고 한다, 타인의 성공법칙을 반만 듣는다, 사고가 정지된 상태로 다른 사람과 어울린다.' 등이다.

내가 지향하고 싶은 부자의 인간관계는 다르다. 회식 자리에서 일의 기회에 관해 이야기한다, 최고급 호텔 로비에서 상대방의 이야기를 듣는다, 키맨의 사고방식을 배우기 위해 기꺼이 돈을 지불한다, 팀의 힘을 빌려서 부를 만들어낸다, 타인의 성공법칙을 전부 실행에 옮긴다, 어떤 판단 기준을 토대로 다른 사람과 어울린다.

빈자와 부자의 차이를 아는 것은 나의 현주소를 아는 것이고 부자의 사고로 바꾸면 부자로 변신할 수 있는 것이다.

빈자와 부자의 자기 투자 기술도 극명한 대립을 보여준다. 가난한 사람은 눈앞의 쾌락을 위해 돈을 지출한다. 금융 상품에 투자해서 푼돈을 번다, 빈 시간을 활용해서 공부한다, 정보를 모으며 자기만족에 빠진다, 상사의 의견만 듣는다, 싫어하는 일이라도 한다, 사장과 사는 세계가 다르다고 생각한다.

직장에서 돈이나 부자에 대해서 이야기하면 주위 사람들은 별로 좋아하지 않는다. 투자에 대한 이야기도 마찬가지다. 이야기하는 사람을 돈밖에 모르는 사람으로 취급한다. 그저 절약, 적금, 예금 같은 방법이 재테크의 전부인 줄 안다. 주식, 부동산 같은 이야기를 하면 사기당한다고 걱정만 잔뜩 한다. 창업이라는 말을 꺼내면 당장 폐가망신할 것처럼 근심을 한다.

부자들은 자기 투자를 어떻게 하는가. 목표로 하는 연봉을 얻기 위해 돈을 지출한다. 자기 자신에게 투자해서 600%의 수익률을 낸다, 정보를 제공하며 수익을 만들어낸다, 모든 사람의 의견을 듣는다, 고민을 해결하면서 계속 앞으로 나아간다, 좋아하는 일만 한다, 사장이 부럽다고 생각한다.

'한책협'의 김태광 대표는 가난한 자의 사고방식을 부자의 사고방식으로 바꾸어 성공한 모델이다. 그는 시인, 소설가가 되기 위해 10년이 넘게 노력을 하였지만 그의 사고방식은 가난한 자의 것이었다. 자신이 쓴 시나 소설이 책으로 나와 베스트셀러가 되면 부자가 되고 성공할 것으로 굳게 믿었다. 그렇게 10년이 넘는 세월 동안 노력을 하였으나 상황은 점점 악화되었고 더 이상 헤어나올 수 없는 수렁에 빠지게 되었다.

그는 독서를 통해 의식을 높였다. 부자들의 사고 체계로 바꾸고 7년 남짓 노력한 결과, 그는 성공자의 반열에 오르게 되었다. 그는 책 쓰기 과정의 제자들을 목숨 걸고 코칭한다. 그 대가로 수익을 창출한다. 그의 자산은 100억대이며 성공한 것이다. 그는 멈추지 않는다. 하고 싶은 목표를 찾아 계속 이루어내면서 보람을 찾기 때문이다. 그는 하고 싶은 일이 생각나면 바로 실행하여 자신의 것으로 만든다. 그의 성공 노하우를 들어보면 단지 사고방식의 변화였다. 독서를 통해 얻은 비결을 바로 실행하여 자신을 바꾼 것밖에는 없다.

결국 부자의 사고방식으로 바꾸어야 부자가 될 수 있다.

5개의 파이프라인을 구축한다

파이프라인이 5개는 있어야 한다

현재 나의 직업은? 대한민국 교사이다. 매일 출근하여 학생들을 가르치고 매월 받는 급여로 살아간다. 만약 내가 당장 직업을 그만둔다면 나의 수입은 어떻게 될까? 당장 생계가 막막해질 것이다. 급여 외에 파이프라인이 없기 때문이다. 살아가면서 만들 수 있는 파이프라인은 많지만 5개를 소개하려고 한다.

첫째, 급여 파이프이다. 직장 생활을 하면서 매월 받는 급여는 기본적이며 중요한 파이프라인이다. 나 또한 28년 동안 급여를 받았다. 철밥통이라 불리는 직장이라 꼬박꼬박 받은 것을 다 합하면 엄청난 액수이다. 수입 중에 매달 일정하게 들어오는 수입은 중요하다고 한다. 어쩌다 한꺼번에 많은 액수의 금액을 받는 것보다 매달 일정한 금액이 들어오는 것이 더 중요하다는 것이다.

둘째, 강연료, 코칭, 컨설팅료이다. 강의 분야는 자신의 전공이나 전문 분야가 될 수 있다. 전공이나 직업을 살려서 자신의 브랜드를 만들고, 그 경험이 필요한 사람들에게 강의를 하면 된다. 또 전문적인 내용을 필요로 하는 사람들에게는 코칭이나 컨설팅을 해주는 것이다. 선진국에서는 컨설팅이 일반화되어 있다. 고가의 비용인 경우도 많다. 우리나라는 기업이나 회사 단위의 컨설팅은 활발하게 진행되고 있다. 아직 개인 컨설팅이 대중화되지는 않았지만 점차 확대되어 가고 있다. 자신의 경험과 지식을 바탕으로 1인 지식 브랜드를 만들어놓는 것이 중요하다. 시대가 변하면 자신의 분야에 대한 강연 요청이 많아지고, 코칭이나 컨설팅 신청도 대폭 늘어날 것이다. 그 비용은 자신이 정하고 받으면 된다.

나는 '재테크 독서'나 '자산 관리' 분야의 브랜드를 준비하고 있다. 첫 개인 책이 나오고 빚이 많은데 어찌해야 하냐면서 독자들로부터 많은 연락이 온다. 그런데 빚을 어떻게 갚아야 하느냐고 물어보면 난감하다. 빚 갚는 순서는 이자가 센 것부터, 덩치가 적은 것부터라고 말씀드렸지만 이미 이자가 높고 신용회복, 워크아웃을 진행 중이라 어찌할 수가 없다고 한다. 그럴 땐 그의 전체 자산과 부채를 파악해야 한다. 혹 그냥 넣고 있는 보험이나 저축, 적금 등이 있을 수도 있다. 매달 나가고 있는 고정 비용도 따져봐야 한다. 그러다 보니 자산 관리 업무와 비슷한 컨설팅을 해야 하는 상황이 생긴다.

책이 출간되고 나서 대형마트 문화센터 강의가 들어왔다. 직장인들을 위한 '재테크 독서법'을 주제로 강연 요청을 하였다. 강사료가 많지 않아도 다른 지점들까지 연결을 해준다고 한다. 처음부터 배부를 수는 없다. 차음 경력을 쌓으면서 브랜드를 확고히 준비하면 성공적인 강연을 할 수도 있을 것이다.

셋째, 주식이나 펀드 수입이다. 주식은 직장인들이 재테크 수단으로 하기에 딱 좋은 파이프라인이다. 적은 돈으로 진입이 가능하고, 원하는 시간에 매매를 할 수 있기 때문이다.

내가 지금 하고 있는 것은 ETF이다. ETF란 'Exchange Traded Funds'로써 일반 주식처럼 자유롭게 거래를 할 수 있는 거래소에 상장된 하나의 펀드 상품을 말한다. ETF는 종합주가의 등락에 따라 가격이 오르고 내린다. 레버리지는 지수가 올라갈 때 상승하고, 인버스는 지수가 내려

갈 때 올라간다. 이것을 잘 활용하면 지수가 올라가든 내려가든 이익을 볼 수 있다.

예전에는 나도 개별주를 했었다. 10여 년 전에는 적은 자금을 활용하여 주식을 했기에 손해도 이익도 보지 않았다. 2018년 9월 갑자기 주식을 해야겠다는 생각이 들었다. 빚도 좀 갚았고, 다시 대출 레버리지를 이용하여 재테크에 성공해보고 싶었다. 오랜만에 하려니 감도 못 잡겠고 전문가의 도움을 받아야겠다는 생각이 들었다. 주식 방송을 하는 전문가의 사이트에 가입하였고, 종목을 몇 개 찍어주고 관리해주는 사이트에도 가입하였다.

열흘 정도 시간이 흘러 10월이 되었을 때 비극이 시작되었다. 갑자기 지수가 추락하기 시작했다. 그동안 올랐던 지수를 다 반납하고 지하로 떨어지고 있었다. 결국 주식을 다 뺐다. 손해가 막심했다. 차라리 들어가지 않았더라면 손해를 보지는 않았을 것이다. 손해 본 돈과 유료 사이트 가입비까지 하면 몇백 만 원의 손해를 보게 되었다.

ETF는 한국주식코칭협회 김이슬 대표의 강의를 들었다. 김 대표는 새마을금고 7년차 직장인이었는데 그동안 ETF로 수익을 많이 봤다. 대표에게서 4주 강의를 들어 보니 세계적인 금융 시장의 변화에 따라 적절하게 매매를 하면 ETF 수익을 많이 볼 수 있다는 것을 알았다.

넷째, 책을 써서 얻을 수 있는 인세이다. 일반인들의 경우 저작권 인세는 8% 정도이다. 1권당 1,000원 하는 책이라면 1,000권이 팔렸을 때 백만 원의 인세를 받게 된다. 작가의 인세는 작가 사후 70년까지 받는다. 베스트셀러, 스테디셀러를 만들어놓으면 노동을 하지 않아도 인세가 나오고 사후에도 자녀들에게 상속이 되는 것이다.

나는 저서가 나온 지 얼마 되지 않아 아직 인세를 받지는 못했다. 내가 작가로서 활동을 활발하게 하면서 책이 꾸준히 팔리면 인세를 받게 될 것이다. 또 1권으로 멈추지 않고 2권, 3권 계속 써나갈 것이고, 책의 수준을 계속 향상시켜 나갈 것이다. 그러면 인세 수입 파이프라인을 구축하는 작가가 되는 것이다.

다섯째, 1인 크리에이터로서 받는 유튜버 수입이다. 얼마 전까지만 해도 방송은 대형 방송사 몇 곳이 독과점을 하고 있어 개인이 방송에 나오는 것은 거의 불가능한 일이었다. 1-2번 나온다 하더라도 지속적으로 출연하기는 더 어렵다. 그런데 유튜브는 1인 방송국이다. 평범한 사람들이 유튜브 크리에이터가 되어 자신이 좋아하고 잘하는 것을 콘텐츠로 삼아 즐겁게 방송한다. 구독자가 많아지면 다양한 광고 수입을 받게 된다. 대도서관이라는 유튜버는 성공한 크리에이터의 모델이 되고 있다. 기존의 유튜버들이 돈을 벌기 위해 했던 선정성이나 욕설 같은 내용이 전혀 없이 유교TV라 불릴 정도로 건전하기 때문이다. 그가 세상을 놀라게 한 것은 한 해 수입이 20억을 넘는 것이다. 또 평범한 사람들이 유튜버가 되어 일하지 않아도 나오는 파이프라인을 구축하고 있다.

그 외에도 연금이나 저축, 보험이 있고, 자산이 늘어나면 부동산 임대료가 생길 수 있다. 꾸준히 종잣돈을 마련하여 토지나 상가 또는 건물을 매입하여 파이프라인을 구축한다면 노후가 얼마나 편안하겠는가.

마지막으로 가장 중요한 것이 있다. 바로 성공 시스템을 구축해야 한다. 나의 방법을 따라 하는 사람들에게 시스템을 파는 것이다. 일종의 프랜차이즈 시스템이다. 이 시스템에서 일하는 사람들은 모두 직원이 아니라 주인이다. 직원은 자신이 아무리 열심히 일을 해도 급여가 일정하다. 그러면 인간은 본능적으로 열심히 하지 않게 된다. 공산주의가 이상적이라고 생각하지만 성공하지 못한 것과 같은 예이다. 인간은 본능과 도덕이 있다. 도덕이 중요하지만 인간은 본능에 따라 움직이기 쉬운존재다. 사람은 근본적으로 이익이 되지 않는 일에는 시간과 노력을 투자하는지 않는다. 성공 시스템은 다른 사람들이 열심히 할수록 돈을 많이 벌고 그래야 회장도 많이 버는 구조이다. 그런 구조에서는 그 회사와 관련된 모든 사람이 열심히 하게 된다.

절약만으로는 큰 부자가 될 수 없다

절약은 가난을 면하기 위한 방법이다

우리나라에서 평범한 직장인이 집을 사려면 기간이 얼마나 걸릴까. 먼저, 집값을 알아보아야 한다. 집값은 지역에 따라 천차만별이다. 서울에서는 20평대가 10억대 가까이 하고, 경기, 인천 지역도 몇억 원 가까이 한다. 내가 살고 있는 단양도 20평대의 신축 아파트는 2억 가까이 된다.

수도권에 3억짜리 집을 산다고 하자. 담보 대출 최고비율인 40%를 적용하여 1억 2천만 원을 빌린다고 하면, 1억 8천만 원을 벌어야 한다. 한

달에 500만 원을 번다고 하면 생활비와 양육비로 200만 원 정도 쓴다고 하고, 매월 300만 원을 저축할 수 있다. 1년이면 3,600만 원이 된다. 5년 동안 모으기만 해야 1억 8천만 원이 된다. 그리고 집을 사서 1억 2천만 원을 갚는다고 보면 4년 정도가 필요하다. 그러면 9년 정도 기본 생활만 하면서 모아야 내 집을 갖는 것이다. 가끔 가족 여행도 가고, 해외여행도 가며, 비싼 가방을 사거나 가족 중에 병원비가 목돈으로 들어간다면 내 집 마련을 위한 기간은 그만큼 늦어지게 된다.

평범한 사람이 부자가 되는 기간은 얼마나 걸릴까. 수입을 벌어들이는 방법에 따라 각각 다를 것이다. 내가 즐겨 시청하던 〈서민갑부〉에서는 10억을 2-10년 사이에 달성한 사람들이 많았다. 물론 TV에 나올 정도로 성공한 사람들이니 당연하다고 볼 수도 있다. 그러나 직장인들이 10억의 순 자산을 벌기 위해서는 어떨까. 급여를 많이 잡아서 월 500만 원이라고 생각해 보자. 물론 사회 초년생이 이런 액수의 급여를 받기는 어렵다. 그 중 200만 원은 생활비로 하고 300만 원은 저축을 한다며 1년 저축액은 3,600만 원이다. 10년이면 3억 6천만 원, 20년이면 원금이 7억 2천만 원이다. 물론 이자도 늘어날 것이다. 최소 25년은 모아야 10억이 된다. 평범한 사람들이 절약만으로 10억이라는 순자산을 만든다는 것은 결코 쉽지 않은 일이라는 생각이 든다.

요즘 25년 다닐 수 있는 직장이 얼마나 될까. 철밥통이라 불리는 공무원들과 공기업은 25년 이상 다닐 수 있다. 하지만 공무원은 초년생 급여가 높지 않아 자산 10억을 만들기는 어렵다. 혹 신의 직장이라 불리는 공기업 직원이 마음먹고 자산을 늘리기 위해 노력한다면 가능할 수도 있겠다. 반면에 급여가 상대적으로 높은 대기업이나 중소기업은 25년 근속을 하기가 매우 어렵다. 지인 중에는 다니는 회사에서 10년 근속이라고 보너스 1,000만 원을 받는 것을 보았다. 10년 근속이 결코 쉽지 않기에 그런 보너스를 지급하는 것이다.

예상치 못하는 지출은 절약으로 막지 못한다

절약보다 무서운 것은 언제 닥칠지 모르는 지출 상황이다. 병원비, 차량 구입비, 육아비, 교육비, 해외여행비, 가족 지원비, 과소비, 잘못된 투자 등이다. 나의 경우도 다양한 소비 상황을 겪어보았다. 한때는 '돈을 벌고 모으면 뭐 하나?' 하는 생각도 들었다. 안 먹고 안 쓰고 모아놓은 피 같은 돈이 봇물 터지듯 내 손을 떠났던 것이다.

자동차 구입비는 큰 지출이다. 만약 사업가라면 자동차가 투자 품목이 되고 비용 처리가 가능하다. 그래서 사업하는 사람들은 자동차를 구입하지 않고 매월 대금을 지불하는 리스를 활용한다. 경비로 인정받으니 세금 감면의 효과가 있다. 그러나 직장인들은 자동차 구입에 대한 혜택이 전혀 없다. 명백한 과소비에 불과하다. 한 가정에서 3,000만 원 정도의 자동차를 구입하고 그것을 할부로 갚는다고 가정해보자. 생활비를 뺀 300만 원을 1년 꼬박 모아야 차 값을 지불할 수 있다. 만약 연 1,000만 원씩 갚는다면 꼬박 3년이 걸리는 것이다.

자동차 구입을 미루는 것도 부자로 가는 데 도움이 될 수 있다. 대중교통이 잘 발달된 수도권 특히 서울 지역에 산다면 자동차 구입을 미룰 수 있다고 본다. 메리츠금융의 존 리 대표는 서울에서 대중교통을 이용하는 사람이다. 그는 노후 대비도 안 된 사람들이 좋은 자동차를 타고 다니는 것을 이해할 수 없다고 한다. 자동차는 구입비도 크지만 유지하는 데 들어가는 비용도 만만치 않기 때문이다. 그런 비용을 절약하여 펀드나 주식에 투자한다면 노후자금이 풍부해지고 부자 노후를 맞이할 수 있다고 강조한다.

자녀 결혼이나 부모님이나 본인의 의료비도 큰 부담이다. 신혼부부가 부천에 있는 다세대 주택을 구입하는 데도 1억 5,000만 원이 들었다. 이른 나이에 결혼하기에 그들에게는 그렇게 큰돈이 없다. 부모는 빌려준다는 명목으로 돈을 건넸다. 마음 한구석에는 받을 생각을 하지 못한다. 벌써 출산을 하고 외벌이를 하고 있기 때문이다. 외벌이 직장인으로 세 식구가 살아가면서 어떻게 그 큰돈을 모을 수 있다는 말인가.

부모님이 연로하셔서 요양원에 가는 집도 많다. 우리 할머니도 요양원에서 10년 가까이 계셨기에 그 비용을 알 수 있다. 높은 등급을 받아도 매 월 60만 원 정도는 병원비로 들어간다. 가끔 응급 치료를 받을 때는 추가로 병원비가 들어간다. 재정 계획을 세울 때 이런 지출은 생각하지 못하는 경우가 많다.

잘못된 투자나 다른 사람을 지원하는 비용도 많다. 나 같은 경우가 대표적인 사람이다. 나는 기획 부동산에 속고, 동생들 대출 갚으라고 빌려주고, 비상장 주식에 투자하는 등 2억이 넘는 빚을 지고 헤맨 적이 있다. 10년간의 암울했던 삶은 다시 돌아보기 싫을 정도로 사람을 주눅 들게 했다. 차라리 평범한 사람이었다면 그렇게 돈을 빌리지도 않았을 것이다. 교사, 공무원이라는 신분이 있으니 대출이 쉽게 되었고 갚을 수 있는 능력도 자신했기에 심각하게 생각하지 않았다. 교사였기에 사람들이 나를 볼 때도 그렇게 심각하게 보지 않았다. 그 2억 빚을 갚기 위해 날마다 빚 갚는 책을 읽고, 절약을 강조하는 카페들을 찾아 글을 읽고, 인터넷이나 모바일로 설문지 알바를 하는 등 마음의 여유가 없는 생활을 하였다. 빚을 자각한 순간부터 해외여행은 한 번도 가지 못하였고, 국내 여행도 맘 놓고 하지를 못했다. 가족들끼리 화기애애하게 살아본 것이 언제인지 아득하다.

다시 그 시절로 돌아간다면 묻지마 투자는 절대 하지 않을 것이다. 그 물건이 그렇게 수익이 되는 것이라면 나 같은 평범한 사람한테 기회가 올 리가 없다. 동생들의 빚을 갚기 위해 빌려주지도 않을 것이다. 그들도 빚은 자신이 해결해야 한다. 내가 돈이 많아서 그들의 빚을 갚아주고 그들이 자립할 수 있다면 정말 좋을 것이다. 그러나 받을 생각도 하지 않고 지원을 해줘도 그들이 점점 더 빚의 나락으로 내려가는 것을 익히 보았다.

병원비는 어떤가. 어느 날 엄마의 암 발병 소식을 알게 되었다. 다행히 요즘은 암 치료비의 95%까지 지원을 받는다. 그러나 암 치료에는 비급여 항목이 많고 권유를 받으면 혹시 나을까 해서 하지 않을 수가 없다. 암에 좋다는 식품이나 민간 약재, 자연식품 같은 것들을 구입하기 위해 들어가는 돈도 많다. 이 또한 혹시나 병이 나을지 모른다는 기대감에 구입하지 않을 수 없다. 엄마의 치료와 간병을 위해 이것저것 구입한 전자 제품도 많아서 지출이 많아지기도 했다.

결국, 절약만으로는 부자 되기가 어렵다. 극한의 절약을 한다고 해도 돈이 많이 모이지 않을 뿐 아니라 예상치 못하게 새어나가는 곳이 생길 수 있기 때문이다. 큰 지출이 있어도 수입이 크면 감당할 수 있다. 급여와 절약만이 아니라 수입을 극대화하는 파이프라인이 절실한 것이다.

- 14 -

『3개의 소원 100일의 기적』

이시다 히사쓰구, 김영사

우주의 법칙 실천 6단계

1단계 : 필기도구와 비법 노트를 준비한다.

2단계 : 3가지 소원을 정한다.

3단계 : 크게 숨을 들이마시고 잠시 참는다. 그 사이에 첫 번째 소원을 3번 쓴다. 그다음 크게 숨을 내쉰다.

4단계 : 다시 크게 숨을 들이마시고 다시 참는다. 그 사이에 두 번째 소원을 3번 쓴다. 그 다음 크게 숨을 내쉰다.

5단계 : 다시 크게 숨을 들이마시고 잠시 참는다. 그 사이에 세 번째 소원을 3번 쓴다. 그다음 크게 숨을 내쉰다.

6단계 : 마지막으로 릴랙스하면서 '고맙습니다.'라고 1번 쓴다.

꿈과 목표를 정하고, 적어야 한다는 것은 성공자들이 공통적으로 하는 이야기이다. 이 책은 3개를 3번씩 쓰는 걸 100일 동안 실행하면 이루어진다고 한다. 3개월 정도 걸릴 만한 목표를 정해서 실천한다. 잠자기 전에 쓰고 자면 잠재의식이 달라져서 이루어진다는 것이다.

이 책을 읽고 실천하고 있다. 아직 100일이 되지 않아 성취의 기쁨을 맛보지는 못했지만, 곧 이루어질 것이라 기대하면서 소원을 쓰는 내내 행복하다.

최근 소원을 써서 이루어진 경험을 했다. 첫 책을 쓰면서 나는 버킷리스트를 9개 적었다. 첫 번째 소원이 '베스트셀러 작가 되어 전국으로 강연 다니기'였다. 책이 출간되자 수많은 문자와 연락을 받았다. 라디오 방송에 나의 책이 소개되었고, 9월에는 대형마트 문화센터 10곳에 강연이 잡혀 있다. 8월 말에는 명예롭게 퇴직을 하고 1인 지식 창업가의 길을 뚜벅뚜벅 걸어갈 것이다. 나의 소원은 이미 우주에서 준비되고 있다.

직장인 마인드를 버리고
사업가 마인드를 가져라

직장인 마인드는 소비 마인드이다

28년차 직장인, 공무원, 대한민국 교사!

작가가 되기 전의 내 프로필이다. 이 프로필은 '재테크', '창업', '사업'이라는 개념과는 거리가 멀다. 재테크를 시작하려고 하면 마인드를 바꿔야 한다.

'직장인은 월급 받는 만큼 일하고, 회사는 그만두지 못할 만큼 월급을 준다.'

직장인의 생활을 인상적으로 표현한 문장이다. 사장은 직원들의 마인드가 사장과 같기를 하는 바람을 갖고 있을 것이다. 하지만 그런 사람들은 극소수이거나 없다. 직장인이 사장의 마인드로 일을 한다고 해서 달라지는 게 있는가. 직장은 일을 하면 할수록 더 많이 시키는 구조이다. 알량한 성과급으로 사람들의 의욕을 불러일으키려 하지만 쉽지 않다. 직장 구조는 자본주의의 틀을 거스르는 구조이기 때문이다. 물론 사장의 입장에서 본다면 자본주의 구조와 같다. 혼자 노동을 하여 월급을 받는 것이 아니라 사장 자신과 같이 일하는 복제 시스템을 만든 것이 회사이기 때문이다. 사장과 같은 사람들이 밤낮없이 일하고 그들에게는 일정한 액수의 월급만 주면 된다. 플러스로 창출되는 이익은 사장이 모두 갖는다.

공무원, 교사의 마인드는 어떠한가. 회사원이나 공기업에 다니는 사람들은 재테크를 준비하는 사람들이 더러 있다. 『퇴근후 1시간 독서법』을 펴낸 정소장이라는 작가는 S그룹에 다닌다. S대를 나온 수재이기도 하다. 우리가 생각하기에 그는 노후 준비를 따로 하지 않아도 될 것 같다. 그 회사가 연봉을 많이 주니까 월급만 모아도 내 집 마련, 자동차 구입 같은 것은 어렵지 않고, 적금을 꾸준히 들어 돈을 모아 집을 사고 차를 사고 여행을 가도 돈이 남을 것 같다.

그는 석 달 전 책 쓰기 과정을 등록했는데 동기가 인상적이었다. 이제 나이 30인데 퇴직 준비를 하려고 왔단다. 세상에 30세에 퇴직 준비라니.

이것이 일반 회사원들이 갖고 있는 마인드라고 생각한다.

공무원, 특히 교사들은 그렇지 못하다. 돈이나 부라는 단어를 꺼내기만 해도 주변에서 이상하게 쳐다본다. 세상에서 가장 청렴해야 할 직업이 바로 공무원, 그중에서 특히 교사이기 때문이다. 나는 한 번도 내 급여 체계에 대해 들어본 적이 없다. 월 기본급이 어떻게 정해지는지, 해마다 호봉이 얼마씩 올라가는지도 모른다. 보너스가 어떻게 지급되는지, 각종 수당은 어떻게 책정되는지 잘 알지 못한다. 가끔 궁금해서 인터넷에서 검색을 해보았을 뿐이다. 자신의 급여 체계도 모르는데 하물며 재테크에 관심 갖는 것은 더 어렵다.

나는 남다르게 재테크에 관심이 많았다. 산골에서 자랐고 부모님이 농사를 지으시며 고생하시는 걸 보면서 부모님께 자랑스러운 딸이 되고 싶었다. 돈도 많이 벌어서 잘해드리고 싶었기 때문이다. 주식을 하기도 하고, 비상장주식 투자도 했다. 돈이 된다면 할 수 있는 것들을 다 해보았다고 할 수 있다. 그러나 지금까지 성공한 투자는 거의 없었다. 이유는 철저한 준비를 하지 않고 '~카드라' 통신을 믿고 투자를 했기 때문이다. '이걸 하면 돈을 번다더라, 누구는 엄청 성공했다드라' 등등

사업가가 갖춰야 할 생각들

사업가 마인드를 가지려면 어떻게 해야 하는가. 첫째, 주인의식을 가져야 한다. 너무 기본적인 생각이라고? 현실은 그렇지 않다. 사업하는 사람들, 장사하는 사람들 중에 주인의식 없는 사람도 많다.

자주 가게 되는 식당을 생각해보자. 식당에 들어가면 안에서 "어서 오세요!"라고 큰 소리로 맞아주는 곳을 가면 일단 기분이 좋다. 음식도 맛있고 나오는데 "잘 드셨어요? 또 오세요." 하며 보내주는 곳은 다음에 또 가고 싶은 곳이다. 의외로 손님이 오든지 말든지 관심을 주지 않는 식당도 많다. 특히 지역적인 특성도 있다. 감정표현을 잘하지 못하는 지역, 예를 들면 나의 고향 단양 같은 곳의 식당은 손님이 오가는 것에 크게 반응하지 않는다. 손님들도 그런 반응에 어느 정도 익숙해진 느낌이다. 심지어 손님에게 뭐라 하기도 하고 무뚝뚝하게 대하기도 한다. 그런 식당에서 식사를 하고 나올 때면 기분이 나쁘다. 저렇게 하려면 왜 식당을 하는가 하는 생각이 든다. 음식 맛이 좋으면 손님들이 자주 찾지만 음식 맛마저 좋지 않으면 장사가 잘되지 않는다. 장사가 잘 안되면 자신에게 원인을 찾기보다는 외부적인 요소에서 원인을 찾는다. 목이 안 좋아서, 경기가 안 좋아서라는 핑계를 댈 것이다. 그러면 그 식당 인근의 잘되는 식당은 이유가 무엇이겠는가.

어떤 사업을 하든지 주인의식을 갖는 것은 중요하다. 직장인들은 주인 의식을 갖기가 쉽지 않다. 아무리 주인의식을 가지라고 해도 사실상 주 인이 아닌데 의식만 가진다고 주인이 되는 것은 아니다. 자신의 노력대 로 수익이 올라가지 않는 한, 주인의식을 갖는 것은 쉽지 않다고 본다. 내 사업이라면 주인의식을 가지고 자신의 사업을 키우기 위해 밤낮으로 노력할 것이고 뜻대로 되지 않으면 그 이유를 분석할 것이다.

둘째, 연구 개발을 계속해야 한다. 세상은 계속 변하고 있다. 식당을 예로 들면 사람들의 입맛도 변하고 있고, 세대별로 입맛도 다르다. 끊임 없이 연구하고 새로운 메뉴를 개발하지 않으면 고객들은 외면한다. 어떤 사업을 하더라도 마찬가지이다. 직장은 주어진 매뉴얼이 있어 수동적으 로 따르기만 해도 되지만, 자신의 사업은 그렇지 않다. 적극적으로 아이 템을 구상하고 다양한 변수를 체크하며 준비해야 한다.

셋째, 투자의 개념을 가져야 한다. 직장인은 모든 생활이 소비의 개념 이다. 승용차를 사서 타고 다니는 것은 소비이다. 물론 출퇴근 시간을 아 끼고 출장을 효과적으로 하는 것은 도움이 되지만 그것이 연봉을 높이지 는 않는다. 사람을 만나서 식사를 하거나 대화를 하는 것도 인생을 좀 더 즐겁게 하는 것일 뿐, 수익을 창출하거나 높이는 것과는 관계가 없다. 취 미 생활도 그렇다. 골프를 치거나 등산을 하는 취미 생활도 결국 일상생활을 좀 더 행복하게 보내고자 하는 목적일 뿐이다.

사업가는 일상이 투자이고 창조적인 콘텐츠 개발의 과정으로 볼 수 있다. 사업가는 승용차를 타는 것도 사업을 위한 투자이다. 자동차 구입 자금이나 연료비도 세금 정산을 할 때 비용으로 인정을 받는다. 사람을 만나는 것도 끊임없는 사업 아이템을 찾는 과정으로 볼 수 있다. 각 분야의 전문가를 만나 사업을 구상하고 새로운 아이디어를 얻을 수도 있고, 투자를 받을 수도 있다. 여러 취미 생활은 사업가가 즐기면서 할 수 있는 투자 활동이다. 경영자들이 주로 골프장에서 비즈니스를 하는 것은 언론에서 흔히 볼 수 있는 장면이다. 골프장에서 샷을 날린 후 다음 홀로 이동하면서 대화와 소통을 통해 사업을 구상하는 것은 아름답기까지 하다. 사업가는 각종 동호회 모임을 통해 파트너들과 교류하기도 한다. 다양한 사람들을 만날 수 있는 곳이라면 어디든 달려가 사람들과 소통하는 것이 사업가의 삶이다.

넷째, 때와 장소를 가리지 않아야 한다. 직장인들은 하루 24시간을 회사를 위해 일하는 시간과 개인을 위해 보내는 시간이 명확히 구분된다. 최근 들어 퇴근 후에 직장 상사가 부하 직원에게 전화나 톡을 하는 것을 금지하는 움직임도 있다. 시간의 구분을 확실하게 하기 위한 것이다. 직장인에게는 회사와 개인의 시간을 구분하는 것이 정신 건강에도 좋고 일의 능률을 올리는 방법이 될 수 있다.

사업가는 24시간 즐겁게 일한다. 먹고, 마시고, 대화하고, 돌아다니는 것이 모두 일이고 비즈니스이다. 일상의 모든 것이 일이고 수익과 연결된다면 얼마나 즐겁겠는가? 요즘은 '포노사피엔스', '디지털노마드' 시대이다. 스마트폰 속에, 인터넷 세상 속에 모든 세상이 다 들어 있다. 인간관계도 있고, 사회도 있고, 사업 아이템도 있다. 문자, 톡, 다양한 SNS, 카페, 블로그, 인스타, 페이스북, 트위터, 유튜브 세계까지 모두 스마트폰 속에 들어 있다. 때와 장소를 가리지 않고 일을 할 수 있고 그것은 수익으로 연결된다.

왜 사람이 하루에 10만 원만 벌어야 하는가. 평범한 일반인들의 하루 수입은 10만 원 정도이다. 그것도 평범한 직장인으로 치면 많을 수도 있다. 알바 같은 비정규직으로 보면 수입이 더 줄어든다. 24시간 일하고 원하는 대로 수익을 창출할 수 있는데 왜 그렇게 살아야 하는가. 이제 포노사피엔스가 되어 원하는 만큼 수익을 창출할 수 있다.

사업이라는 것은 일상을 투자의 관점으로 접근해야 한다.

책을 써서 자신의 경험을 세상에 알려라

책, 언제까지 읽기만 할 것인가

"성공해서 책을 쓰는 것이 아니라 책을 써야 성공한다!"

책을 써야 하는 이유를 이보다 더 잘 설명할 수 있을까. 이 문장을 보았을 때 소름이 돋았다. 일반인들에게 책을 쓰라고 하면 손사래를 친다.

"책은 유명한 사람이나 성공한 사람이 쓰는 거지, 우리 같은 평범한 사람들이 어떻게 쓰나요? 그리고 쓸 얘기도 없어요."

맞는 말이다. 남들이 다하는 삶을 살면서 책 쓸 내용이 무엇이 있겠는가. 나도 지금까지 그렇게 50년을 넘게 살았다. 가끔 내 책 하나쯤 써보고 싶다는 로망을 품었다가 이내 고개를 저으며 나 같은 사람이 무슨 책을 쓰냐며 포기했다.

지난해 12월, 우연한 기회에 책 쓰기 일일특강을 참석했다. '한국책쓰기코칭협회' 김태광, 일명 김도사가 강사였고, 5시간이 넘게 진행된 특강이었다. 김도사는 자신이 책을 썼기에 성공했다고 했다. 자신뿐만이 아니라 책을 썼기에 성공한 사례를 들었다. 내가 좋아하는 김창옥 교수, 김미경 강사, 이지성 작가 등.

"이지성 작가는 왜 성공했습니까?"
"책을 읽어서요."
어떤 사람이 대답했다.
"책을 읽어서라고요? 책을 써서지요."

그랬다. 이지성 작가는 책을 읽어서가 아니라 책을 써서 유명해지고 성공하였다. 그는 유명 당구여신 차유람과 결혼하여 행복한 가정을 꾸려 자녀들도 낳고 예쁜 집도 짓고, 게다가 부부가 각자 유튜버가 되어 독자들과 소통하고 있다.

1년 전 김창옥 교수가 내가 사는 시골 단양에 왔다. 김창옥 교수가 온다는 홍보 내용을 보고 얼른 신청을 했다. 그는 〈세바시〉나 TV 프로그램에서 청중들을 울리고 웃기는 명강사이기 때문이다. 강연을 듣는데 너무 감동적이었다. 돌아보면 별 내용이 아니었다. 주제는 '소통'이었는데 주로 자신의 가족 이야기 중심으로 강연을 풀어갔다. 귀가 잘 안 들리는 자신의 아버지가 자식 사랑을 표현하는 장면을 이야기하며 청중을 울렸다 웃겼다 했다.

김미경 강사는 또 얼마나 자신의 성장 이야기를 잘하는지 모른다. 충북 증평이라는 작은 읍내에서 성장한 이야기, 딸부잣집의 끊이지 않는 이야기는 청중들에게 감동과 웃음을 주기에 충분하다. TV에서 김미경 강사의 강연을 보고 너무 감동을 받고 서점에 갔다. 그리고 김미경 작가의 책 몇 권을 보고 더 감동을 받았다. 한달음에 읽고는 어느새 난 그녀의 팬이 되었다.

그들의 공통점은 무엇인가? 바로 책이다. 그들은 모두 자신의 책이 있는 작가들이다. 책을 써서 다른 사람을 감동시키기에 많은 사람들이 그들을 찾고 있는 것이다. 강연은 짧고 강사의 삶과 메시지가 핵심만 전달된다. 순간적인 감동이 크지만 지속적인 감동을 받고 싶어 갈증이 난다. 사람들은 그럴 때 강사의 책을 찾게 된다. 책을 읽으면 마치 그 작가의 속내를 다 아는 것 같은 착각이 든다. 강사가 바로 옆에서 조곤조곤 말을 하는 것 같고 강사의 메시지에 감동을 받아 왕팬이 되는 것이다. 정치가, 강연가, 작가, 전문가 등 유명한 사람들을 다 찾아보라. 자신의 책이 없는 사람은 거의 없다. 책은 작가의 가장 큰 메시지이고 연설문이고 분신이다.

책 쓰면 달라지는 것들

김도사는 책 쓰기로 성공한 대표자이다. 본명인 김태광 작가를 책으로 만난 것은 2013년도이다. 작년 12월 '한책협' 카페에 가입하려 했더니 난 이미 가입이 되어 있었다. 2013년 1월, 어렴풋이 기억이 났다. 책꽂이를 찾아보니 그의 책이 있었다. 책을 읽고 카페에 가입만 했던 것으로 기억된다. 만약 그때 책 쓰기에 도전했더라면 나의 인생은 크게 달라졌을 것이다. 나 대신 나의 책이 나를 대대적으로 홍보했을 것이기 때문이다.

그는 20대 초반에 작가의 꿈을 꾸었다. 감동적인 시에 꽂혀 첫 책으로 시집을 내었다. 150만 원의 비용을 내고 출판을 했다. 책이 안 팔렸지만 그는 책 쓰기에 대한 꿈을 접지 않았다. 10년이 넘는 기간, 책 쓰기에 대한 비법을 다 습득하였다. 그간에 얼마나 많은 거절을 견뎌내었는지 모른다. 23년 동안 200권이 넘는 책을 출간하였다. 특히 자기계발서를 출간하면서 사람들의 주목을 받았다.

그는 문득 책 쓰기 코칭에 관한 꿈을 갖게 되었다. 사람들이 자신처럼 헤매지 말았으면 하는 바람에서 시작되었다. 책을 쓰려고 하는 사람들을 도우면서 수익도 창출하는 시스템을 만들어내었다. 그것도 비용을 높게 정하였다. 책 쓰기는 고도의 능력과 노력을 필요로 하는 전문 작업이라서, 비용이 저렴하다면 누구나 책 쓰기를 시작은 하되 끝맺기가 힘들기 때문이었다. 책 쓰는 도중에 사정이 생기거나 힘들다고 생각되면 비용이 적게 들어갔으니 쉽게 포기할 것이다. '한책협'은 사람들이 쉽게 포기하지 않는다. 책 쓰기 7주 과정에 등록하는 사람들 중에 포기하는 사람들은 아주 적다.

책 쓰기의 목적은 무엇인가. 1인 퍼스널 브랜딩, 1인 창업이다. 책을 써서 자신의 경험을 브랜딩하고 그 전문성을 세상에 알리는 것이다. 일반인들이 자신의 전문성을 찾으라고 하면 의아해한다. '나 같은 평범한 사람이 무슨 전문성? 무슨 창업?' 사람들은 누구나 전문성을 가지고 있다. 김도사처럼 책 쓰기 비법을 터득한 사람도 있고, 세일즈를 잘하는 사람, 육아를 잘하는 사람, SNS를 잘하는 사람, 이모티콘을 인상적으로 그리는 사람, 사진을 잘 찍는 사람, 영상 제작이나 편집을 잘하는 사람 등등. 누구나 살아오면서 터득한 경험이 있다. 그 경험을 브랜딩화하면 그 노하우가 필요한 사람들을 돕는 것이다. 단순해 보이는 그 행위로 수익을 창출하면 바로 창업이고 사업이다.

나는 이번에 명예퇴직 신청을 했다. 어제 명퇴가 확정되었다는 연락을 받았다. 만 28년의 교직 생활을 뒤로 하고 새로운 삶을 찾아 떠나고자 한다. 책을 쓴 후 독자들의 연락을 많이 받았다. 책 내용이 재테크에 대한 내용이다 보니 독자들의 관심이 뜨겁다. 나의 경험으로 독자들의 문제를 도와주고 싶다. 하찮게 여겼던 나의 경험이 이젠 누군가에게 희망이 된 것이다. 책을 쓰지 않았다면 도저히 생각도 못하는 상황이다. 퇴직하면 무엇을 할지 엄두가 나지 않았다.

나의 삶도 이제 책 쓰기 전과 책 쓴 후로 나뉘고 있다. 독자에서 저자로 변하면서 내 인생에 큰 변화가 왔다. 9월부터는 강연을 다니게 되었다. 이미 대형마트 문화센터 강의가 10군데 잡혀 있다. 그들과 소통하면서 청중의 문제를 해결하기 위해 도움을 아끼지 않을 것이다. 다양한 방법으로 나를 알릴 것이다. SNS, 유튜브 같은 채널을 통해 나의 경험을 다른 사람들이 알 수 있도록 홍보할 것이다.

세상에 경험이 없는 사람은 없다. 당신의 경험은 어떤 가치가 있는가?

나는 재테크 독서로 연 3천만 원 번다

문제는 실행이다

이제 연 3,000만 원 벌 준비되었는가?

극강 짠돌이 생활만 하여도 연 3,000만 원은 모을 수 있다. 나아가 주식펀드 ETF나 부동산 재테크를 한다면 연 3,000만 원은 쉽게 이룰 것이라 생각한다. 문제는 실행이다. 첫 책이 나온 뒤 도착한 독자들의 반응을 보면 가능성이 아주 많다고 본다.

"어떻게 재테크와 독서를 연결할 생각을 했어요? 신의 한 수라는 생각이 들어요."

섬에서 같이 근무했던 유치원 선생님 소감이다.

"감사합니다. 작가님의 책을 읽고 삶에 대한 용기를 내게 되었어요. 이제 저도 빚 갚고 돈 모으는 삶을 살고 싶어요."

"조카 덕분에 책을 읽어야겠다는 결심을 하게 되었어. 난 23억 빚을 졌었는데 절망하지 않고 일어났어. 내 경험이 떠올라서 더욱 감동적으로 읽었어. 우리 집안에 작가가 나오다니 감동이다!"

제주도에 계시는 친정 작은어머니 말씀이다.

"책을 2번 읽었고 책 내용을 마인드맵으로 작성해보았어요."
"이 책 읽고 저도 책을 쓰는 작가가 되고 싶다는 생각을 했어요. 저도 작가가 될 거예요."
"작가님을 멘토로 삼고 싶어요. 만나러 가겠습니다. 책도 쓰고 싶어요."

독자들의 연락이 끊이지 않는다.

대형마트 문화센터에서 작가 특강을 하고 싶다는 메일도 왔다. 다른 지점도 연결시켜주고 책 소개도 팸플릿에 해준다고 하면서.

KBS1 라디오 34년 경력의 PD님도 생방송 책 소개 코너에 소개하고 싶다고 연락을 주셨다. 힘들게 살아온 것이 안타깝다고 했다.

첫 개인 책이 나온 후의 다양한 반응을 접하고 놀라웠다. 나의 힘들었던 과거 이야기를 술술 풀었을 뿐인데 반향은 놀라웠다. 전국에서 연락이 오고, 함께 근무했던 지인들이 연락하는 것을 보고 의아했다. 만약 내가 책을 쓰지 않았다면 이런 인사를 받을 수 있겠는가? 책 쓰기의 힘, 책의 영향력을 온몸으로 체험하게 되었다.

연 3,000만 원을 모을 수 있는 비법

내 책의 컨셉이 재테크라 사람들의 반응이 더 좋은 것 같다. 지금까지 이야기한 내용을 종합하여 연 3,000만 원을 모으는 비법을 정리해보겠다.

첫째, 신용카드를 끊고, 과하게 소비되는 생활비를 절약하는 것이다. 아무 생각 없이 하던 소비 습관을 되짚어보고 그것만 줄여도 재테크가 된다. 어떤 사람은 절약하는 것은 재테크가 아니라고 생각한다. 물론 엄격하게 구분하면 돈을 벌어들인다는 의미의 재테크와 나가는 돈을 막는다는 절약은 개념이 다를 수 있다. 하지만 나의 자산을 늘린다는 의미로 본다면 둘은 서로 통한다고 본다.

별 목적 없이 사용하던 비용을 줄인다면 한 달에 40~90만 원은 절약할 수 있다. 지인들의 부탁에 거절을 못해 가입했던 보험이나 장기저축 같은 것도 구조 조정을 하면 지출을 줄일 수 있고. 휴대폰 요금도 꼼꼼하게 따져보면 절약할 여지가 있다. 요금제도 최근의 것이 더 저렴하게 나오기에 같은 요금제를 장기적으로 사용하면 손해를 볼 수 있다.

신용카드와의 결별은 정말 중요하다. 신용카드의 실체를 알려면 신용카드 사용 내역을 출력해서 분석해보면 안다. 신용카드를 긁을 때는 꼭 필요한 것 같았으나 시간이 흘러서 보면 안 사도 되는 것들이 수두룩하다. 집에 없을 것 같아 샀지만 돌아와 보면 집안에 쌓여 있는 것들도 많다.

신용카드를 쓸 때는 자신이 능력자인 것처럼 느껴져서 마구 사던 것들도, 체크카드로 바꾸면 손이 쉽게 나가지 않는다. 지불할 때 통장 잔액이 얼마 있는지가 빠르게 계산되기 때문이다. 한 달 생활비나 일주일 생활비를 통장에 넣어놓고 소비를 하다 보면 잔액이 자꾸 신경 쓰이게 된다.

실질적인 재테크를 해야 한다. 누구나 재테크를 할 총알이 준비되면 실전 재테크를 시작할 수 있다. 쉽게 생각할 수 있는 것은 주식과 부동산이다. 그렇게 해놓으면 돈이 나 대신 일을 하게 된다. 노동을 하지 않아도 수입이 지속적으로 늘어나게 되니 노후를 여유롭게 보낼 수가 있다.

내가 권하는 것은 ETF이다. ETF는 상장지수펀드인데 종합주가의 등락에 따라 등락이 결정되는 종목이다. 레버리지는 지수가 상승하면 올라가고, 인버스는 지수가 하락하면 올라간다. 지수 하나만 보면 되므로 금리와 물가 같은 참고할 만한 지수를 보고 종합주가지수를 파악하면서 대응한다면 주식으로도 충분히 수익을 낼 수 있다. 5월부터 6월까지 4주 동안 ETF 과정을 수료했다. 한국투자협회 김이슬 대표가 강사였다. 국제 정세나 정치, 경제적인 상황까지 짚어주어 매우 유용한 강좌였다. 과정 동안 종합주가지수 차트와 불린저밴드를 보면서 시험적으로 매수를 했더니 2주 정도 지나자 10% 이상의 상승률을 기록했다. 단타를 하려고 하는 것이 아니기에 그냥 지켜보고 있다. 불린저밴드 하단까지 떨어지면 더 사들이기 위해 현금을 보유하고 있다.

부동산 투자도 해야 한다. 수익을 많이 볼 수 있는 것은 경매이다. 아파트, 빌라, 토지, 상가 등 물건의 종류도 다양하다. 경매는 높은 수익을 볼 수 있기는 하지만 과정이 복잡하여 관련 내용에 대해 많은 지식을 필요로 한다. 책이나 인강으로 독학을 하기에는 무리라고 생각한다. 아직은 시작을 하지 못하지만 자금이 준비되면 경매를 시작할 것이다. 그전에 경매 공부를 제대로 하여 지식으로 무장하고 있어야 한다. '한책협'에는 한국경매투자협회 김서진 대표가 있다. 5주 교육 과정을 진행하고 있는데 경매 과정에 대한 구체적인 내용이 다 들어 있다. 과정 중에 낙찰을 받는 사람들이 늘어나고 있어 재테크 효과가 크다.

책 쓰기를 하고 퍼스널 브랜딩해야 한다. 언제까지 다른 사람의 책을 읽고 추천만 할 것인가. 유명한 사람들의 인생과 나의 인생이 뭐가 다른가? 다 비슷하다. 그는 책을 썼고, 나는 책을 못 쓴 것뿐이다. 책을 쓰고 나면 책이 나 대신 열심히 일한다. 나는 책을 통해 연락 오는 독자들과 소통하면서 그들의 문제를 해결해주는 전문가가 될 것이다. 1인 창업, 1인 지식 기업인으로 살아가며 그 과정을 통해 수익을 창출할 것이다. 또한 시스템을 복제하여 다른 사람들도 성공하도록 도우면 된다.

우리나라는 초고령화 사회로 빠르게 달려가고 있다. 정년은 60세 전후인데 수명은 언제까지 길어질지 가늠할 수 없는 상황이다. 나를 비롯하여 주위를 살펴보면 월급 외에 파이프라인을 만든 사람들이 거의 없다. 몇 살까지 급여를 받을 수 있기에 파이프라인 준비를 안 하는지 의문이다. 재테크, 생각만큼 어렵지 않다. 재테크 독서가 이미 우리에게 길을 알려주고 있다. 재테크 독서를 통해 연 3,000만 원 모으는 일상을 만들어보자.

재테크 독서로 월급 이외의 자금 파이프라인을 만들 수 있다. 연 3천만 원 모으는 것이 일상이 될 것이다.

돈 벌어다 주는 독서로 부자 되자

아직도 인생역전보다 인생여전으로 사는 사람이 많다. 이유가 뭘까? 책을 읽지 않기 때문이다. 인생을 멋있고 성공적으로 사는 사람들의 가장 큰 공통점은 독서이다. 독서가 사람의 인생을 바꾼다는 것은 다 알고 있는데 왜 우리는 독서하지 않을까?

사람들은 책보다 다른 것들을 좋아한다. 하루 몇 시간씩 TV를 본다. 방송사별 드라마를 다 챙겨보고, 뉴스를 몇 시간씩 보고, 스포츠 뉴스도 다 찾아 시청한다. 시청률이 높은 프로그램 중 하나로 〈나는 자연인이다〉가 있다. 이 프로그램은 대한민국 20대에서 80대까지의 시선을 사로잡는다. 똑같은 기획, 비슷한 경치, 매주 반복되는 내용의 그 프로그램이 왜 좋냐고 물으면 대리만족이라고 대답을 한다. 등장인물이 유명인이 아니라 일반인이라서 시청자들은 자신이 그곳에서 살고 있다는 상상을 하면서 대신 즐거워한다.

주말이나 휴일이면 사람들은 산으로 들로 나간다. 관광버스를 타고 등산을 가고 가족들끼리 캠핑을 하기도 한다. 바닷가나 계곡을 찾아 피서를 하는 인파는 해마다 늘어난다. 주말이나 휴가철, 방학이 되면 어학연수나 해외여행을 가는 사람들로 공항은 북새통을 이룬다.

건강을 위한다며 각종 스포츠와 운동을 즐기기도 한다. 퇴근 후 저녁마다 배드민턴을 치고, 주말에는 조기 축구를 한다. 헬스장, 필라테스, 수영을 하면서 건강 관리를 한다.

회식이나 외식도 많다. 평일 퇴근 후에는 부서별, 회사별 회식을 하면서 2차, 3차도 간다. 주말에는 가족들과 외출을 하고 소문난 맛집에서 외식을 한다. 회사나 가족의 단합과 소통을을 위해 그렇게 하는 것이다.

주말이나 퇴근 후에 도서관을 가는 사람도 많다. 문제는 그들이 독서를 하려고 가는 것이 아니라는 것이다. 각종 취업준비시험, 자격증 시험을 보기 위해 공부하러 도서관을 간다. 도서관을 독서실로만 이용하는 것은 도서관의 본질적인 목적을 상실한 것이라고 볼 수 있다.

책을 읽기는 읽는데 의미없는 행위가 되는 경우도 있다. 내 주변에도 독서는 많이 하는데 삶이 그대로인 사람들이 있다. 책을 읽을 때마다 '참

좋다'고 하면서 정작 삶의 변화는 없다. 삶이 변하지 않는 독서를 과연 진정한 독서라고 할 수 있을까?

이제 바보 독서는 그만하자. 책을 구경만 하는 바보 삶은 중단하자. 의미있는 독서를 해야 한다. 세상에는 독서를 통해 인생을 바꾸는 사람들이 많다. 그들의 독서법을 들여다보아야 한다.

의식을 바꾸어주는 독서를 해야 한다. 읽는 사람들의 의식을 통째로 바꾸어주는 독서를 해야 한다. 사람들의 현재 모습, 현상은 바로 생각에서 비롯되었기 때문이다. 부정적인 생각, 비관적인 생각이 그런 인생을 만들어낸다. 비극은 비극을 부르고, 부정은 부정을 주문한다. 사람들의 의식을 바꾸어주는 독서를 해야 삶이 변화된다. 네빌 고다드의 『상상의 힘』, 『부활』, 조셉 머피의 『잠재의식의 힘』, 나폴레온 힐의 『나의 꿈 나의 인생』과 같은 책을 읽으면 된다. 인간의 생각이 이 세상을 창조해나가는 것을 믿으면 실로 엄청난 변화가 일어난다. 상상하고 꿈꾸고 믿는 것이 현실로 현현하는 경험은 그야말로 기적이다.

사람은 세상에 가난하게 살려고 왔을까? 아니다. 당연히 부요하게 살기 위해 온 것이다. 성경에서도 이야기하고 많은 성공자들이 공통적으로 하는 이야기이다.

사람들은 어떻게 해야 부자가 되는지 그 방법을 알지 못한다. 평생 일정한 급여를 받으면서 직장생활을 하기에 부자가 되는 길을 본 적이 없기 때문이다. 부나 돈이라는 단어를 들으면 어떤 상이 그려지는가? 그 상상이 바로 당신의 경제상황을 만들어낸 것이다. 돈이라는 단어를 탐욕, 수전노, 비정함, 비인간적 같은 단어와 연결시키는 사람은 부자가 될 수 없다. 반면에 돈을 자유, 풍요, 행복이라는 단어와 연결시키는 사람은 부자가 될 가능성이 높은 사람이다. 그 사람의 생각을 따라 운명이 결정되기 때문이다. 『부의 추월차선』, 『백만장자 메신저』, 『부의 비밀』과 같은 책을 읽어야 한다. 부와 돈에 대한 긍정적인 개념을 형성해주고 돈을 끌어들이고 부자가 되는 방법을 찾도록 도와주기 때문이다.

지금까지 자신의 독서습관을 돌아보라. 독서를 하지 않았다면 당장 책을 손에 들어야 한다. 의식을 바꾸어주고 부자가 되도록 도와주는 책을 읽어야 한다. 그러면 이제 당신은 곧 부자가 될 것이다. 더 중요한 것은 자신의 생각으로 무엇이든 가능하다는 것을 깨닫는 것이다.

나는 이제 나의 생각으로 내 인생을 바꾸려 한다. 28년 간의 교사 생활을 마치는 명예퇴직을 하게 되었다. 진정한 의미의 명퇴를 하는 것이다. 건강한 상태에서 인생 2막을 펼치기 위해 직장생활을 마감한다. 정신이나 신체가 아파서 명퇴를 하는 것이 아니라 새로운 도약을 위해 퇴직을 한다. 낯선 곳에서 아침을 맞기 위해 익숙한 곳과 이별을 한다.

2막 인생은 다른 사람들을 도우면서 살 것이다. 그동안 시련과 역경이라 생각했던 내 인생이 나의 경험이자 메시지가 된 것이다. 삶의 문제를 해결했던 과거는 나의 책으로 거듭났고 내 브랜드가 되었다. 이제 나는 나와 비슷한 삶을 살면서 힘들어하는 사람들을 돕고 싶다. 내 경험과 지혜는 그들을 구해줄 것이다. 강연과 코칭, 컨설팅을 통해 빚으로 힘들어하는 사람들을 구해낼 것이다. 이렇게 기쁨 가득 안고 퇴직을 하는 것이 얼마나 행복한가?

부록

재테크 독서, 이렇게 읽으세요

1. 의식 관련 도서

『상상의 힘』 네빌 고다드, 서른세개의계단

『임모틀 맨』 네빌 고다드, 서른세개의계단

『세상은 당신의 명령을 기다리고 있습니다』 네빌 고다드, 서른세개의계단

『믿음으로 걸어라』 네빌 고다드, 서른세개의계단

『네빌 고다드의 부활』 네빌 고다드, 서른세개의계단

『놓치고 싶지 않은 나의 꿈 나의 인생』 나폴레온 힐, 국일미디어

『내가 100억 부자가 된 7가지 비밀』 김태광(김도사), 미다스북스

『3개의 소원 100일의 기적』 이시다 히사쓰구, 김영사

『왓칭1, 2』 김상운, 정신세계사

『웰컴투 지구별』 로버트 슈워츠, 샨티

『죽음의 수용소에서』 빅터 프랭클, 청아출판사

『그리고 모든 것이 변했다』 아니타 무르자니, 샨티

『인생수업』 엘리자베스 퀴블러, 이레

『네 안에 잠든 거인을 깨워라』 토니 로빈스, 씨앗을뿌리는사람

『성공하는 사람들의 7가지 습관』 스티븐 코비, 김영사

『무지개 원리』 차동엽, 국일미디어

『지금 하지 않으면 언제 하겠는가』 팀 페리스, 토네이도

『100억 부자의 생각의 비밀』 김태광(김도사), 위닝북스

2. 돈, 부에 대한 인식 관련 도서

『백만장자 메신저』, 브렌든 버처드, 리더스북
『부의 추월차선』, 엠제이 드마코, 토트출판사
『비즈니스 발가벗기기』, 리처드 브랜슨, 리더스북
『배움을 돈으로 바꾸는 기술』, 이노우에 히로유키, 예문
『아무도 가르쳐주지 않는 부의 비밀』, 오리슨 S. 마든
『백만장자 시크릿』, 하브 에커, RHK
『마음을 움직이는 승부사 제갈량』, 자오위핑, 위즈덤하우스
『부자의 사고, 빈자의 사고』, 이구치 아키라, 한스미디어
『생각의 비밀』, 김승호, 황금사자
『파리에서 도시락을 파는 여자』, 켈리 최, 다산북스
『돈의 신에게 사랑 받는 3줄의 마법』, 후지모코 사키코, 앵글북스
『부자의 운』, 사이토 히토리, 다산3.0
『보물지도』, 모치즈키 도시타카, 나라원
『절제의 성공학』, 미즈노 남보쿠, 바람
『2억 빚을 진 내게 우주님이 가르쳐준 운이 풀리는 말버릇 1, 2』, 고이케 히로시, 나무생각
『일본 최고의 대부호에게 배우는 돈을 부르는 말버릇』, 미야모토 마유미, 비즈니스북스

3. 빚, 재테크 관련 도서

『절박할 때 시작하는 돈 관리 비법』, 데이브 램지, 물병자리
『왕의 재정』, 김미진, 규장
『빚지기 전에 알았더라면 좋았을 것들』, 백정선/김의수, 미디어윌
『나는 빚을 갚았다』, 에나 뉴얼 존스, 한국경제신문사
『4개의 통장』, 고경호, 다산북스
『빚 권하는 사회 빚 못 갚을 권리』, 제윤경, 책담
『심리계좌』, 이지영, 살림BIZ
『자기혁명』, 박경철, 리더스북
『빚, 정리의 기술』, 손봉석, 다산북스

『부자 언니 부자 특강』 유수진, 세종서적
『주식투자 이렇게 쉬웠어?』 김이슬, 위닝북스
『6개월에 천만 원 모으기』 이대표 외, 한국경제신문사
『월급쟁이 재테크 상식사전』 우용표, 길벗
『왜 주식인가』 존 리, 이콘
『디지털뱅크, 은행의 종말을 고하다』 크리스 스키너
『우리는 공부하는 가족입니다』 이채원, 다산에듀
『마흔, 빚 걱정 없이 살고 싶다』 심효섭, 비즈니스북스
『내 인생을 힘들게 하는 빚』 고란, 원앤원북스
『2015년 빚더미가 몰려온다』 박종훈, 21세기북스
『머니푸어 돈관리』 김태형, 한국경제신문사
『월급쟁이의 역습』 트렌트 햄, 북앳북스
『부자 아빠 가난한 아빠 1, 2』 로버트 시요사키, 민음인
『앞으로 10년 돈의 배반이 시작된다』 로버트 기요사키, 흐름출판
『아들 셋 엄마의 돈 되는 독서』 김유라, 차이정원
『나는 직장에 다니면서 1인 창업을 시작했다』 김태광, 추월차선
『내집마련 불변의 법칙』 김석준, 위닝북스
『나는 직장 대신 부동산에 간다』 김석준, 위닝북스
『대한민국 경매 투자』 김서진, 위닝북스
『돈이 없을수록 부동산 경매를 하라』 김서진, 위닝북스

4. 건강 관련 도서

『항암제로 살해당하다 1,2,3』 후나세 슌스케, 중앙생활사
『암은 자연치유 된다』 조병식, 왕의서재
『현미밥 채식』 황성수, 페가수스
『당뇨병이 낫는다』 황성수, 페가수스
『어깨 펴면 통증 없이 100세까지 살 수 있다』 박희준, 아마존북스
『맨발걷기의 기적』 박동창, 시간여행

『의사의 반란』 신우섭, 에디터
『내 몸 아프지 않은 습관』 황윤권, 에이미팩토리
『웃음으로 암을 고친다』 이요셉, 섹세스티브이
『암 식단 가이드』 연세암센터 외, 삼호미디어
『야채스프 건강법』 다페이가즈, 으뜸사

5. 독서, 인문학 관련 도서

『여자라면 힐러리처럼』 이지성, 다산라이프
『리딩으로 리드하라』 이지성, 차이정원
『생각하는 인문학』 이지성, 차이
『일독』 이지성 외, 차이정원
『이독』 이지성 외, 차이정원
『독서천재가 된 홍 팀장』 강규형, 다산라이프
『논어』 공자, 홍익출판사
『인생의 차이를 만드는 독서법, 본깨적』 박상배, 위즈덤하우스
『생각을 넓혀주는 독서법』 모티머 J. 애들러, 멘토
『본깨적』 박상배, 예담